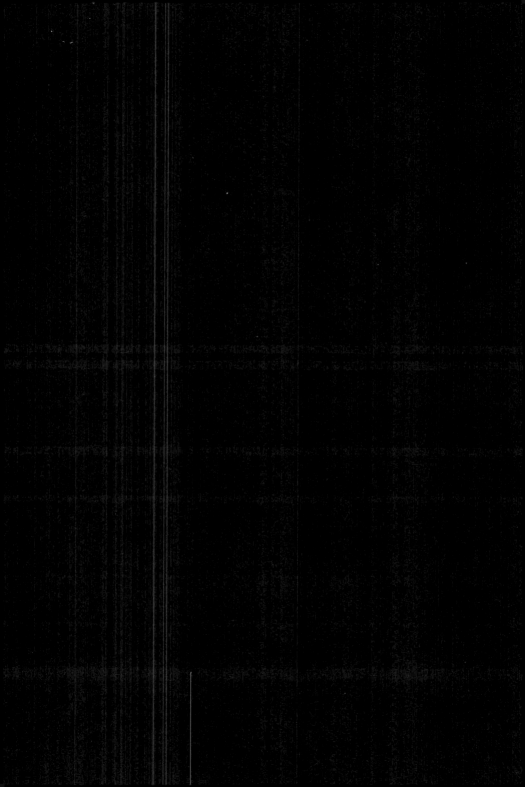

질문할 수 없는 나라 일본

질문할 수 없는 나라 일본

아베-스가 정권 언론통제 잔혹사

미나미 아키라 지음 ― 이상현 옮김

티움

권력 유지를 위한 정권의 언론 길들이기

아베 신조·스가 요시히데 정권의 8년 8개월 간 일본 미디어의 위축과 정권을 향한 '손타쿠'(忖度·촌탁)[1]가 현격히 심해졌다. 스가의 후임으로 '열린 회견'의 기대를 모은 기시다 후미오(岸田文雄)가 취임했지만, 코로나19 재난을 이유로 총리 회견의 참석 기자 제한(1사 1인)은 여전하다. 회견에서 질문하지 못한 매체가 추후에 문서로 질문해도, 최근에는 답변까지 거부한다. 상황은 오히려 악화되고 있다.

권력 유지를 위한 관저의 언론 고르기가 시작된 것은 2012년 재집권한 아베 정권 시기부터다. 마음에 드는 미디어나 인터넷 프로그램의 취재에는 응하면서, 마음에 들지 않는 매체의 취재에 응하는 것은 점차 줄여 없앴다. 유리한 정보를 흘리기 좋은 미디어를 골라냈고, 적대시하는 매체를 철저히 푸대접했다.

진보적 매체에는 '비판만 한다'는 딱지를 붙여, 이들 미디어를 향한 국민의 시선을 극도로 차갑게 만들었다. 그야말로 정권이 노린 대로 사회가 돌아가고 있다. 정권에 밀착하는 언론과 지식인이 점차 늘었고, 텔레비전 방송도 권력자의 의향을 따르는 보도가 중심

---

1) 상사의 뜻을 미리 헤아려 이득을 제공하는 것을 의미한다. 아베 정권의 각종 의혹과 관련해 집권 후반기를 상징했던 최고 유행어.

이 되었으며, 관저에 비판적인 코멘테이터(commentator)나 진행자는 하나 둘씩 브라운관에서 쫓겨났다.

2017년 6월 내가 관방장관 회견에서 정권의 각종 의혹에 대해 질문을 시작했을 때, 총리관저 담당 기자-대부분 남성-들은 함께 추궁하지 않았다. 그들은 당시 스가 관방장관의 '오프레코'[2] 간담회에서 "그 여자는 대체 뭐야?"라고 나를 욕하며 냉소했다. 그런 상황에 위기감을 느낀 미나미 기자는 관방장관 담당이 아님에도 불구하고 회견에 참석해 정권을 추궁하는 질문을 이어갔다. 양심과 신념의 인간이다.

이 책은 아베·스가 관저 시대의 미디어 전략을 상세히 분석함으로써 총리와 관방장관 회견을 비롯한 주요 회견의 이상함을 극명하게 보여준다. 동시에 미디어와 권력의 관계에 대해, 저널리즘에 종사하는 기자의 각오와 직업윤리에 대해 묻는다. 이 책이 한 명이라도 더 많은 한국 독자들의 손에 쥐어져 문제의식을 공유할 수 있다면 기쁘겠다.

모치즈키 이소코(望月衣塑子)[3] 도쿄신문 기자

---

2) 오프 더 레코드: 비보도 취재를 의미하는 언론계 용어. 취재원이 기자에게 '이것은 보도하지 말아 달라'고 요청할 때 쓰는 표현이기도 하다. 일반적으로 취재원과 기자 사이의 교류나 사건의 배경을 공유하기 위한 차원에서 이뤄지는 경우가 많다.

3) 1975년 도쿄에서 태어났다. 관행적으로 이뤄지던 관방장관 기자회견에서 40분간 23개의 질문을 던지며 주목을 받았다. 영화 '신문기자'에서 심은경 배우가 연기한 주인공 요시오카의 실제 모델이기도 하다. 이 책의 2장은 저자와 모치즈키 기자가 겪은 일을 중심으로 이뤄져 있다.

권력이 어떻게 언론을 이용하고 있는가

'질문을 막아서는 권력'에 맞서는 일은 한·일 양국의 언론 노동자에게 서로 다를게 없다. 한국의 언론 노동자는 권력의 언론장악을 막아서고자 해고를 불사하는 파업 투쟁을 최근까지도 진행한 바 있으며, 일본의 신문노련 또한 언론자유를 막아서는 부당한 아베와 스가 정부에 맞선 투쟁을 벌였다.

신문노련 위원장과 일본 미디어 산별(産別) MIC(매스컴문화정보노조회의)의 의장을 지낸 미나미 아키라 기자의 「보도사변」 한국어 번역판 출간은 21세기를 맞은 동아시아 언론이 처한 구시대적 현실을 한국 사회와 언론계에 가감 없이 전달할 수 있는 좋은 기회다. 특히 일본 정부가 모치즈키 이소코 기자의 아베 정권 비리 의혹에 대한 취재를 어떤 방식으로 막아섰는지 낱낱이 밝히는 기록으로서도 미나미 씨의 저술은 큰 가치가 있다.

현장 취재 뒷이야기를 꼼꼼하게 정리해서 권력이 어떻게 언론을 이용하고 진실을 감추려 했는지 드러내는 이 책은 한국의 언론인에게도 여러 가지 고민을 할 수 있는 기회를 제공하고 있다. 2022년 현재 서울에서도 대통령의 질의응답이 매일 이루어지고 있지만, 그것이 국정을 감시하고 진실을 밝혀내야 하는 기자들의 사명에 부합하는 소통 방식인지는 의문이 많다.

일본 정부가 어떻게 총리와 기자 간의 질의응답을 교묘하게 이용하고 있는지 짚어낸 이 책은, 그런 점에서 한국 기자들에게도 많은 시사점을 제시한다. 이번 한국어판 발간으로 더 많은 양국 기자들이 서로의 고민을 나눌 수 있는 기회를 만들기 바란다.

개인적으로 한·일 언론노동자 교류를 통해 미나미 아키라 전 신문노련 위원장을 만난 것은 큰 행운이었다. 아사히신문 정치부에서 현장 기자로 일하기도 했고, 상대적으로 젊은 신문노련 위원장으로 조합원들과 호흡을 같이 하고 있었기 때문이었는지, 쉽게 친밀감과 동료 의식을 가질 수 있었다. 더욱이 나와 마찬가지로 소속 회사의 노동조합장으로 일하고 나서 미디어 산별 조직을 이끌고 있다는 공통점이야말로 서로가 가까울 수밖에 없는 운명이기도 했다.

지금은 둘 다 현장에서 일하고 있지만, 이 책을 통해 그를 다시 한 번 떠올려보며, 다음에 만날 날을 기대한다.

오정훈, 연합뉴스 기자, 제10대 전국언론노동조합 위원장(2019~2021)

언론 통제의 실태와 이에 대한 저항의 기록

일본에는 '기자클럽'[4]이라는 것이 있다. 이는 관공서나 의회, 정당, 경찰 등을 취재하는 신문과 방송 기자의 취재 거점이다. 여기에 있는 기자실이 기자회견 운영 등을 담당한다. 신문·통신·텔레비전 등의 매체로 구성된 일본신문협회는 '정보 공개에 소극적인 공적 기관에 대응해 기자클럽의 형태로 힘을 모아 공개를 압박한 역사가 있다'고 주장해 왔다. 하지만 기자클럽이 지금도 그런 역할을 해내고 있을까?

아베 신조(安倍晋三) 전 총리[5]가 퇴진을 표명해 사실상 차기 총리를 결정하는 자민당 총재 선거가 열린 2020년 9월, 아베 정권에서 관방장관을 맡아온 스가 요시히데가 입후보 표명을 했던 기자회견

---

4) 특정 정부 부처 등을 담당하는 기자들이 모인 단체로 한국의 기자단 제도와 유사하다. '기자회'로도 불린다. 기자실 이용이나 브리핑 참여 등에서 일정한 권한을 지닌다. 다양한 언론 주체의 등장과 함께 배타적 성격이 논란이 되고 있다.
5) 일본 우익의 상징적 정치인. 2006~2007년, 2012~2020년 두 차례에 걸쳐 최장 기간 총리로 집권했다. 평화헌법 개헌과 역사 수정주의를 추진했다. 재임 기간 A급 전범이 합사된 야스쿠니신사를 참배해 파문을 일으켰고, 한국 법원의 일제 강점기 강제 동원 노동자 판결에 반발해 수출 규제를 강행하며 한국과 갈등을 빚기도 했다. 2022년 7월 8일 선거를 앞두고 나라시(奈良市)에서 유세를 하던 도중 피격돼 숨졌다.

때의 일이다. 관방장관 기자회견에서 아베 정권의 의혹을 강하게 추궁했다가 정권으로부터 질문 방해와 제한을 당한 한 여성 기자가 이렇게 질문했다. "난감한 질문이 계속되면 질문을 방해하고 제한하는 경우가 있었습니다. 총재[6]가 된 뒤에도 모든 질문에 제대로 대답할 생각이십니까."

바로 이 책에 등장하는 도쿄신문의 모치즈키 이소코 기자였다. 스가는 이에 옅은 미소를 지으며 "한정된 시간 속에서 규칙에 근거해 기자회견을 행하고 있습니다. 묻고 싶은 것을 빨리 질문하면 그만큼 시간이 충분해 지는 것입니다."라고 답했다.

스가의 대답에는 지금까지 행해진 질문 방해와 제한에 대한 반성은 커녕, 가장 높은 자리에 취임한 뒤 공정한 기자회견을 어떻게 할지에 대한 어떤 입장도 담겨있지 않았다. 그리고 그 때, 총리관저 기자클럽에 소속된 기자들의 웃음소리가 들렸다. 자신의 뜻에 따르지 않는 기자를 조롱하는 스가의 대답에 동조하는 기자들이 있었던 것이다.

기자회견에서 제대로 대답하지 않는 스가에 대해 기자클럽 소속 언론들은 '철벽의 가-스-'[7]라며 치켜세워 왔다. 총재 선거 당시, 당선이 유력한 그에 대해 '팬케이크를 좋아한다'며 그의 취미를 반복 보도하기도 했다. '권력자'와 하나가 되어 '추궁자'에는 냉소하며,

---

6) 내각제의 일본은 집권 여당의 총재가 국회의 지명 선거를 통해 총리가 된다. 따라서 다수당(최근의 경우 자민당)의 총재로 뽑히면 자연스레 '사실상' 차기 총리라는 호칭을 얻게 된다.

7) 그의 이름 '스가'를 거꾸로 한 애칭.

강권적 정치의 문제를 덮어온 현실은 결국 국민에 대한 설명 능력
이 결여된, 코로나19 재난 상황에 가장 어울리지 않는 총리의 탄생
으로 이어졌다.

국제 NGO 국경 없는 기자회가 2022년 5월 발표한 '세계 언론 자
유 순위'에서 일본은 180개국 가운데 71위였다. 2010년에는 11위였
지만 아베-스가 정권 기간 순위가 크게 하락했다. 유엔 특별보고관
은 2017년 6월 일본 보고서에서 "표현의 자유가 중대한 압력을 받고
있다는 우려와 불안을 공유한다."라고 지적하면서 "기자클럽의 불투
명하고 폐쇄적인 시스템", "총리·관방장관과 매체 간부의 회식", "저
널리스트 간 연대의 부족" 등 일본 언론의 문제점도 거론했다.

디지털 혁명이 진행되면서 기존 미디어는 정보의 유통을 독점할
수 없게 되었다. 그런 가운데 권력은 기존 미디어에 대한 불신을 역
이용하면서, 사회관계망서비스(SNS) 등을 활용하며 정보 공개를 강
화하고 있다. '미디어와 권력', '미디어와 시민', '권력과 시민'의 관
계가 바뀌는 가운데 기존 미디어는 껍질을 깨고 자신의 '일'을 다시
규정할 필요가 있다. 이 책은 아베 정권 하에서 진행된 언론 통제의
실태와 다른 한편으로 껍질을 깨려 저항하는 기자들의 기록이기도
하다.

한국어판을 번역한 이상현 기자는 한국의 전국언론노조와 일본
미디어 노조의 교류 재개에 있어 중요한 역할을 했다. 아베 정권의
한국에 대한 반도체 소재 수출 규제를 계기로 일·한 양국의 정치적
대립이 격해짐에 따라 일본의 텔레비전의 정보 프로그램 등에서도
한국 문제만을 다루거나 내셔널리즘을 부추기는 보도가 연일 계속

되던 2019년 9월, 내가 신문노련 위원장으로서 '혐한(嫌韓) 조장 보도를 멈추자'라는 성명을 발표한 사실을 접한 이 기자는 이후 나와 오정훈 전국언론노조 위원장(당시)의 교류에 가교가 되어 주었다. 이후 두 단체는 「사실에 바탕을 둔 보도로 국경을 넘어 평화와 인권이 존중되는 사회를 지향하자」는 내용의 한일 양국 언론 노동자의 공동 선언을 발표했고, 같은 해 11월에는 서울과 도쿄에서 교류 행사도 진행했다.

이명박·박근혜 정권 하에서 언론 탄압에 맞서 '공정보도'를 지키려 파업을 하고 시민과 함께 싸웠던 전국언론노조의 대응은 일본 언론계의 구성원에게도 참고가 되었고 큰 용기를 주기도 했다. 홍콩에서 민주적 미디어가 모습을 감추는 가운데 일본과 한국의 언론 노동자들은 동아시아에서 '언론의 자유', '표현의 자유'를 수호하는 데 있어 소중한 파트너다. 일본의 실태를 담은 이 책이 내셔널리즘에 좌우되지 않고 평화와 인권이 지켜지는 동아시아를 위해 더 중요한 역할을 해내는 양국의 저널리즘을 만들어 가는데 도움이 된다면 기쁘겠다.

기자의 질문은 곧 국민의 '권리'다

"다음 질문해주세요."

2018년 12월 11일, 북방 4개 섬 문제[8]를 해결하고 러시아와 평화 조약을 체결한다는 기존 정부 방침을 바꿔 아베 정권이 힘겹게 추진해온 러시아와의 영토 교섭에 그늘이 드리워졌던 때였다. 고노 다로(河野太郎) 당시 외무상은 내각 회의 이후 열린 기자회견에서 기자들이 "일본이 제2차 세계대전의 결과를 인정하는 것이 (협의의) 첫걸음"[9]이라는 러시아 라브로프 외교장관의 발언에 대한 입장을 질문받자 이를 무시했다.

"러시아의 입장 표명에 반론을 하지 않겠다는 것입니까?"
"실제 협의에 영향을 미칠 우려가 있지 않습니까?"

---

8) 일본은 2차 세계대전 패배 이후 러시아 측에 쿠릴열도 남단 4개 섬의 소유권을 지속적으로 요구하고 있다.
9) 라브로프 장관의 발언은 결국 일본의 패전에 따라 4개 섬의 소유권이 러시아로 '타당하게' 넘어갔다는 취지로 해석될 수 있어 일본으로서는 그대로 받아들이기 어려운 것이 된다.

하지만 고노 외무상은 관련 질문에도 일절 답하지 않고 "다음 질문 해주세요."라는 말을 반복했다.

"외무상, 왜 질문에 '다음 질문'이라고만 답하나요?"

그는 "다음 질문해주세요."라는 말을 반복하며 마치 질문 자체가 없었던 것처럼 행동했다.

이튿날 이 상황에 대해 질문을 받은 정부 측 대변인[10]도 고노 외무상의 답변을 문제 삼지 않았다. 스가 요시히데(菅義偉) 당시 관방장관은 "(기자회견은) 해당 각료의 책임 하에 진행된다. 코멘트는 삼가겠다."라고 말했다.

기자에게 있어 '질문'은 권력자의 일방적 선언이나 거짓 선동을 막기 위한 가장 기본적인 권리다. 질문을 통해 민주주의의 기반인 국민의 '알 권리'가 보장된다. 나는 지난 2008년 아사히신문사의 정치부에 배속된 뒤 줄곧 이런 생각으로 기자회견에 임해 왔다.

하지만 일본은 '질문이 불가능한 나라'가 되어 버렸다. 불리한 공문서의 불법적 수정과 폐기, 거짓말과 강변을 거듭하는 정부 답변, 피해자나 고발자를 향한 악의적 공격만 존재한다. 질문하고 싶은

---

10) 내각관방(內閣官房)은 일본 행정기관의 중추로, 총리대신을 보좌하는 역할을 한다. 관방장관은 정부 대변인 역할을 맡으며, 아베 정권에서는 당시 관방장관이었던 스가 요시히데가 언론 상대 브리핑을 진행했다. 이후 스가는 아베에 이어 일본 총리를 맡지만, 1년 만에 자리에서 내려오게 된다. 아베 정권 시기 내각관방이 행정부의 인사권을 틀어쥐면서 '아베 1강' 구축에 핵심적인 역할을 했다.

것은 많지만, 정치인은 기자를 무시한다.

일본 정치가 자유민주당 '1강 체제'가 되어버린 가운데, 정치와 행정의 모든 규칙이 무너져버렸다. 정치 분야 취재 현장이 위협적 상황에 처하면서, 권력 감시의 중심이라고 자부해온 신문과 방송 기자들은 점차 자존감을 잃고 있다. 정보혁명으로 영향력은 약해졌고, 시민의 불신과 '기레기'[11]라는 공격, 만성적인 장시간 노동만이 남았다.

"일본 기자들은 출입처와 밀착해 여러 정보를 갖고는 있지만…"

기자클럽 제도 등 일본 미디어 현장에 비판적인 연구자들은 기자 개인의 노력에는 동정의 시선을 보내기도 한다. 또한 모리토모·가케학원 문제[12]를 둘러싼 공문서 조작을 파헤친 훌륭한 보도도 있었다. 그러나 오만한 권력과 미디어를 불신하는 시민 사이에 갇혀 심신이 피폐해진 기자들이 현장을 떠나고 있다.

이런 악순환을 끊고, 새로운 시대에 이상적인 미디어를 시작해

---

11) 원문은 매스미디어 + 쓰레기를 의미하는 '마스고미'(マスゴミ).
12) 모리토모학원 비리는 아베 신조가 자신의 측근이 운영하는 모리토모학원에 국유지를 헐값에 넘겨주는 특혜를 주려 했다는 의혹. 가케학원 비리는 아베의 친구가 이사장으로 있던 가케학원이 운영하는 대학에 수의학부 신설을 허가해주는 과정에 아베가 영향력을 행사했다는 의혹을 받은 사건. 한편 가케학원은 2019년 입시에서는 한국인 응시자들에게 면접 0점을 줬다는 의혹이 제기되기도 했다.

나가려면 어떻게 해야 할까?

이 책은 이런 문제의식에서 시작되었다. 또한 이 책은 총리 관저의 질문 제한 문제를 중심으로 쇼와시대(昭和時代)[13]의 성공 경험에 도취되어, 개혁을 방해해온 구시대적 기자들의 문제도 다뤘다. 반대로 변혁의 시대를 향해 새로운 네트워크를 구축하는 저널리스트들의 움직임도 담았다.

일본의 신문과 텔레비전 등 미디어 업계 종사자 수는 수만 명에 달한다. 어떻게 해야 민주주의를 지켜나갈 책임 있는 이들이 활력을 되찾고 국민의 '알 권리'를 위해 제대로 싸울 수 있을까? 독자 여러분과 함께 생각해보고 싶다.

---

13) 히로히토 일왕의 재위 기간(1926~1989년)을 의미한다.

제 1장

대답하지 않는 정치가

일본은 새로운 덴노(天皇·일왕)가 즉위할 때 연호가 바뀝니다. 태평양 전쟁 시기를 포함하는 과거 히로히토 일왕의 시기는 쇼와(昭和·1926년~1989년) 시대로 불리며, 이후 아키히토 일왕의 헤이세이(平成) 시대가 이어졌습니다. 그리고 2019년 아키히토 일왕의 생전 퇴위에 따라 헤이세이 시대가 끝나고 나루히토 일왕의 레이와(令和) 시대를 맞이합니다.

연호는 일본의 한 시대를 규정하는 단어입니다. 과거처럼 중요성이 크지는 않지만, 여전히 공문서는 물론이고 서적이나 방송 등에서도 마치 공기처럼 사용됩니다. 따라서 그것의 결정 과정은 자연스레 전 국민적 관심사가 됩니다. 특히 당시 일본 국민은 '잃어버린 30년'과 겹치는 헤이세이 시대를 끝내고 새로운 시작을 맞이한다는 기대감에 부풀어 있었습니다.

저자는 국민의 의견이 충분히 반영되지 않은 채 극비리에 진행된 연호 결정 및 발표가 정부의 일방적 메시지 전달 및 홍보 수단으로 전락한 현실을 보여줍니다. 이와 함께 표면화한 주류 매체의 영향력 감소에 주목합니다. 과거와 달리 권력에 대한 감시 역할을 수행하는 데 있어 한계에 봉착한 레거시 미디어의 어려움을 드러내는 한편, 정부가 '선전'을 위해 매체를 '선별'하는 작금의 상황에 대해 문제를 제기합니다.

연호 발표 기자회견

마치 총리관저[14]에 의한 언론 통제의 끝을 보는 듯한 기자회견이었다. 때는 벚꽃이 활짝 피었던 2019년 4월 1일, 모든 언론사가 새로운 연호가 무엇인지 특종 보도를 하고 싶었지만 결국 정부 발표보다 빨리 보도한 곳은 없었다.

이날 오전 11시 41분. 스가 요시히데 관방장관[15]이 〈레이와〉(令和)라고 적힌 푯말을 들고 무대에 섰다.

"저렇게 긴장한 모습은 처음이군."

스가 관방장관의 모습을 TV를 통해 보던 아베 신조(安倍晋三)는 이렇게 중얼거리고는 곧 총리 관저 1층의 기자 회견장으로 향했다. 〈헤이세이〉 연호 발표 때와 달리 총리가 직접 담화를 발표하기 위해서였다. 왜 총리가 직접 발표했을까. 아베 총리는 이유를 이렇게 설명했다.

"과거에는 총리대신이 회견하는 것은 매우 드물었지만 헤이세이

---

14) 우리의 총리실. 일본은 내각제인 만큼 한국의 '청와대' 또는 '대통령실'의 기능을 한다고 볼 수 있다.

15) 당시 관방장관이었으며 아베가 물러난 후에 후임 일본 총리가 됐다. 하지만 코로나19 대응 실패 등의 실정을 거듭한 끝에 1년 만에 자리에서 물러나고 기시다 후미오 총리가 이어받았다.

30년을 거치면서 총리가 직접 발표하는 기회가 늘었습니다. 저 스스로도 어떤 사건이 있으면 관저에 들어가는 길에 기자 여러분들로부터 직접 질문을 받는 경우도 있었습니다. 이런 시대 상황에 맞춰, 총리가 담화를 발표하는 경우에는 이렇게 회견을 열고 국민 여러분께 직접 말씀을 드려야 한다고 생각했습니다."

내각부 담당 기자회에서 간사를 맡은 기자에 이어 하세가와 에이치(長谷川栄一) 내각 대변인으로부터 지명을 받은 사람은 니코니코동화[16]의 나나오 코우(七尾功) 기자였다. 그는 질문의 처음과 마지막에 "잘 부탁합니다."라는 말을 덧붙이는 정중한 스타일이다.

"지금 젊은 세대와 앞으로 태어날 아이들은 '레이와' 시대의 중심 세대라고 생각하는데요. 연호를 선정할 때 이 세대에 대해 어떤 고려를 하셨는지요."

아베 총리는 기분 좋게 준비된 원고를 읽어내려 갔다.

"오늘 회견은 인스타그램과 트위터로 생중계되고 있습니다. 지금 젊은 세대 여러분은 이런 소셜미디어를 비롯한 첨단 도구를 멋지게 활용해 새로운 문화를 만들어 내고 있습니다. 니코니코동화도 기존 미디어의 통념에 얽매이지 않고 젊은 세대 특유의 유연성을 바탕

---

16) 일본의 인터넷 동영상 사이트.

으로 다양한 프로그램을 제작해 실시간으로 개개인이 코멘트할 수 있는 새로운 미디어의 모습을 만들어온 것으로 알고 있습니다. 이런 젊은 세대의 새로운 움직임은 확실히 기존 정치와 사회에 큰 변화를 가져오고 있습니다. 젊은 세대가 정말 믿음직하다고 생각하고 있고, 일본의 미래가 밝다고 느낍니다."

아베 총리는 이렇게 기존 미디어를 우회적으로 비판했다. 당시 2018년 1월 개설한 총리관저의 공식 인스타그램 계정에서도 '레이와' 연호 발표 기자회견을 생중계하고 있었다. 사전 카운트다운 행사를 하는 등 총리실 나름대로 홍보에 애쓴 결과 동시 접속 시청자는 10만 명에 달했다.

원래 총리와 관방장관의 기자회견은 내각 기자회에서 주최한다. 내각 기자회에는 총리관저 회견실 1층에 상주하는 기자회과 옵서버사[17]를 포함해 일본 국내외 100개 이상의 신문사·방송사가 가입해 있다.

이날 기자 회견장에는 니혼TV[18]에서 프로그램을 진행해왔던 일본의 유명 아이돌 사쿠라이 쇼(櫻井翔)[19]도 모습을 보이는 등 100석 이상 마련된 자리가 꽉 찼다.

그러나 총리에게 직접 질문한 매체는 내각 기자회의 간사를 맡았

---

17) 정식으로 기자 클럽에 가입하지는 않았지만 공식 브리핑에 참가는 가능하다. 다만 질문은 하지 못한다.
18) 뉴스 제로라는 프로그램이 대표적인 방송국.
19) 일본서 국민적 인기를 누린 아이돌 그룹 아라시의 멤버.

던 산케이신문과 후지TV, 니코니코동화, 교도통신 등 4개 사뿐이었다. 간사 매체는 회원사가 2개월씩 교대로 맡으며 관례적으로 총리 회견에서 첫 질문을 던진다. 이날 나온 질문은 아래과 같다.

- 일본의 고전문학[20]에서 연호를 따왔다고 했는데 총리는 헤이세이 다음 시대를 어떤 마음으로 맞이하고 싶으며, 앞으로 어떤 나라를 만들어 가고 싶나? (산케이신문)
- 총리가 직접 담화를 한 이유 및 연호를 레이와로 정한 가장 큰 이유는? (후지TV)
- 결정 과정에 젊은 세대를 어떤 식으로 고려했나? (니코니코동화)
- 왕실의 입장을 비롯해 고려한 점은 무엇인가. 나루히토 황태자가 덴노에 즉위한 뒤 총리실과 관계는 어떻게 되는가? 새로운 연호를 나루히토에게 직접 보고할 예정인가(교도통신)

아베 총리는 새로운 연호와 아베 정부가 추진하는 '1억 총활약'[21]을 하나로 엮어 소개하는 데 역점을 두고 말했지만, 정작 '레이와'의 선정 과정에 대해서는 말을 아꼈다. "검토 과정에 대해서는 언급을 피하고자 합니다."라는 언급조차도 없었다. 총리 담화 직전에 레이와 연호를 발표한 스가 관방장관의 기자회견에서도 간사를 맡은

---

20) 레이와는 일본의 가장 오래된 시가집인 '만엽집(萬葉集)'에 등장하는 표현이다.
21) 1.4명인 합계출산율을 1.8명으로 끌어올려 일본 인구 1억 명이 지속적으로 활약하게 만들겠다는 인구정책.

매체의 질문을 2개로 제한했고, 그나마 답변도 "나중에 총리가 직접 설명할 것입니다.", "답변은 자제하고 싶습니다."라는 말만 되풀이했다.

　선정 과정의 공정성이나 특정 정치가들이 연호 결정 및 발표 과정의 전면에 나서면서 연호가 정치색을 띠게 되는 문제 등 마땅히 짚어야 했던 사항들은 다뤄지지 않았다. 어쨌거나 아베 내각은 새로운 연호 발표를 통해 지지율을 끌어 올리며 인기라는 '과실'을 챙겼다. 기자 회견을 생중계한 NHK의 최고 시청률은 27.1%였다. 평소 시청률은 한 자릿수였다. 당시 현장은 민간 방송사에서도 동시에 방송되었고, 새로운 연호 발표 직후 교도 통신이 실시한 여론 조사에서 아베 내각 지지율은 직전 조사 대비 9.5%P가 오른 52.8%였다.

4개월 만에 열린 총리 단독 기자 회견

　아베 총리는 연호 발표 기자회견에서 '총리가 직접 말할 수 있는 기회도 늘었다'고 말했지만, 관저 기자회견장에서 총리가 혼자 기자회견을 한 것은 임시 국회 폐회 시에 했던 2018년 12월 10일 이후 약 4개월 만이었으며, 2019년 들어서는 처음이었다.

　사실 역대 정권은 보통 1월부터 4월 1일 사이 예산을 확정할 때처럼 중요한 시점에 기자회견을 했다. 총리 관저에서 열린 총리 단독 기자 회견 횟수는 아래와 같다.

아베 신조(제1기)	2007년 1월 4일, 3월 27일
후쿠다 야스오	2008년 1월 4일, 15일, 3월 31일
아소 다로	2009년 1월 4일, 3월 31일
하토야마 유키오	2010년 1월 4일, 3월 26일
간 나오토	2011년 1월 4일, 14일, 3월 11일, 12일, 15일, 18일, 25일, 4월 1일
노다 요시히코	2012년 1월 4일, 13일, 2월 10일, 3월 11일, 30일

1월 4일 열리는 연두 기자회견은 제2차 아베 정권(2012년 시작)에 들어서고 나서부터는 이세신궁[22]에 있는 신궁사청에서 열리는 것으로 바뀌었다. 개최 장소만 바뀐 것인가 싶지만 그렇지 않았다. 아예 없어진 회견도 있다. 신년도 예산 확정 기자 회견과 2011년 동일본 대지진 이후부터 3월 11일 즈음이 되면 매년 열리던 3·11 기자회견이 바로 그것이다. 이와 관련, 나는 아래와 같이 트위터에 글을 올렸다.

"총리 관저에서 총리 혼자서 했던 올해 첫 기자 회견은 연호 발표다. '총리가 전면에 나섰다'고 한다. 그런데, 역대 정권에서 시행되

---

22) 일본 고유의 신앙인 신도교의 신들을 예배하는 건물로 일본 혼슈의 미에현에 있다. 실제로는 이세 시에 있는 120여개 신사를 통칭해 이렇게 부른다. 일본 전국의 신사를 통괄하는 총본산에 해당한다.

던 3·11 회견과 예산 확정기자 회견은 모리토모학원 문제가 불거진 2017년 이후 없어졌다. 모리토모 문제를 총리에게 물을 기회도 없어졌다."

그러자 총리실이 즉각 반응을 보였다. '헤이세이 31년도(2019년) 예산 성립 기자 회견을 했다'는 답이 돌아왔다. 확실히 수상 관저 홈페이지에는 '3월 27일 헤이세이 31년도 예산에 대한 회견'이라는 제목으로, 이날 아베 총리가 국회에서 회견을 했다는 글이 올라와 있었다. 그렇다면 총리실에서 '회견'이라고 칭한 것은 대체 무엇이었을까? 당시 문답을 보면 이렇다.

· 기자 : 내년도 예산안이 확정됐습니다. 약 2조 엔(약 20조원)의 소비세 대책이 포함됐습니다. 올해 10월 예정대로 증세를 할지 여부를 포함해 총리의 소감을 말씀해주십시오.
· 아베 총리 : 역대 최대 규모의 경기 부양 예산이 조기에 확정됐다고 말씀드린 적이 있습니다. 여러분 덕분에 무사히 예산을 확정할 수 있었습니다. 예산의 조기 집행에 전력을 다하겠다고 생각하고 있습니다. 세계 경제 전망이 불투명해지는 가운데 먼저 예산 조기 집행, 그리고 2조 엔의 소비세 대책을 통해 경제 운영에 만전을 기하고 싶습니다. 이 예산은 지방 행정 역량 강화, 농림과 수산업 지원 등 지역 발전(창생)을 위한 예산입니다. 그리고 이번 예산 확정에 따라 10월부터 유아 교육 및 보육의 무상화를 이룰 수 있게 됐습니다. 또 고령자에 대한 연금액 증

액, 어르신 돌봄 보험료의 감액도 추진해 나갈 것입니다. 이는 사회보장제도를 전 세대를 아우르는 사회보장으로 바꿔나가는 커다란 한 걸음을 내딛는 예산안이라고 생각합니다. 또 하반기 국회에서는 유아교육 무상화 또는 고등교육의 무상화를 실현하기 위한 법안, 그리고 아동 학대 방지를 위한 법안의 심의를 진행해 확정하는 것을 목표로 할 생각입니다.

총리는 이렇게 이야기하고는 감사하다고 짧게 말한 뒤 얼른 기자들이 있는 장소를 떠났다. 답변은 불과 2분간 이뤄졌다. 통계 부정 문제[23]나 사상 첫 100조엔 규모 예산이 적절했는지 여부는 물을 수 없었다.

사실 이는 언론을 통해 공개되는 총리 동정에도 '기자 회견'이라고 표기되지 않았다. 총리실에서는 '회견'이라고 부르며 동영상까지 소개했지만 어디까지나 총리의 일방적인 '발언'에 가까웠다.

회견이 아닌 것을 회견이라고 부른 사례는 또 있었다. 2019년 4월 1일 연호를 발표하기 직전 NHK 등이 TV 중계를 하던 가운데 총리가 관저에 들어갈 때, 그는 카메라 앞에 잠깐 멈춰 섰다. 그런데 총리실에서는 이것도 '회견'이라고 표현했다.

과거에는 기자가 일본 총리에게 일상적으로 질문할 수 있었다. 총리가 집무실을 출입하거나 국회 내에서 이동할 경우 총리 담당

---

23) 아베 내각이 잘못된 근로 통계를 바탕으로 '아베노믹스'의 성과를 부풀렸다는 의혹이 2019년 제기됐다.

기자 한 명이 총리 옆에 착 붙어서 기자회를 대표해 질문할 수 있었다. 2001년 2월 16일 아사히신문 조간에는 '골프 회원권'을 둘러싼 의혹이 불거진 모리 요시로(森喜朗) 당시 총리[24]와 기자 사이 오간 상세한 문답이 실려 있다.

(오전 8시쯤 총리 관저)

· 기자: 요코하마에 위치한 도츠카컨트리클럽의 골프 회원권을 무상으로 양도받았다는 보도가 사실입니까?
· 총리: 양도받은 건 아닙니다. 제가 클럽에 가면 언제라도 사용할 수 있게 클럽 쪽에서 해주고 있을 뿐입니다. 저는 회원권을 본 적도 없습니다.

(오전 9시 50분)

· 기자: 골프 회원권에 대해 총리는 아무 문제가 없었다고 생각하는 겁니까?
· 총리: 전문가에게 물어보니 신고할 필요는 없다고 했습니다. 개인 자산이 아니라는 것은 분명합니다. 세무사와도 상담했습

---

24) 2000년 총리에 취임했다. 잇단 의혹과 망언에 지지율 하락을 겪던 중 고교 어업실습선과 미국 잠수함 충돌 사고 당시 골프를 쳤다는 논란이 결정타가 되며 결국 1년 만에 낙마했다. 이후에도 자민당 거물로 정계 영향력을 행사하다 '2020 도쿄 올림픽' 조직위원장에 임명됐으나 여성 멸시 발언으로 물러났다.

니다. 그게 전부이고, 이미 10년 전의 일입니다. 제가 허리에 통증이 있어서, (운동이 필요하다고 생각한) 친구들이 모여 저를 생각해준 겁니다. 회원권 소유자가 "이제 막 구입한 회원권입니다. 한 사람에게 두 장 있어봤자 쓸모가 없으니 모리 씨가 사용해주십시오."라고 말했습니다. 하지만 내 개인 것으로 하면 안 되니까 서로 약속을 했습니다. 나는 회원권을 본 적도 없습니다. 연회비도 누군가 내주면 편의 제공이 되기 때문에 제가 지불합니다. 국회에서도 가장 가까운 골프장이고 친구들이 생각해준 것이라서… 제 건강관리를 위한 친구들의 호의입니다. 하지만 오해가 있어서는 안 되기 때문에 자산 공개 시 전문가에게 물었더니 신고할 필요가 없다고 했습니다. 자치성(현재의 총무성)도 그런 점을 인정하고 있습니다.

· 기자: 확인해봤더니 세법을 포함해 전혀 문제가 없었다는 의미입니까?

· 총리: 세법상 아무런 문제가 없습니다. 만약 있다면 저쪽(회원권 소유자)에 문제가 있겠죠. 세무사와 상담했더니 이런 사례는 얼마든지 있다고 말했습니다. 클럽에서 저에게 편의상 사용할 수 있는 자격을 줬을 뿐입니다.

· 기자: 총리와 회원권 소유자 중 골프장에 가는 횟수는 누가 많은가요?

· 총리: 회원권 소유자가 회원권 두 개를 갖고 있어 한 개의 사용 권한을 저에게 준 것입니다. 빈도는 모르겠지만, 회원권 소유자는 매주 간다는 것 같습니다. 저는 별로 갈 기회가 없었습

니다. 근래 4~5년은 가지 않은 것 같습니다.

· 기자: 십 수 회 갔다는 보도가 있습니다만…

· 총리: 기억나지 않습니다. 몇 년 전이니까요. 기록을 살펴보면 알 수 있을 것입니다. 몇 번 가든지 상관없지 않습니까.

(오전 11시 10분)

· 기자: 회원권 명의는 총리 자신인 것입니까?

· 총리: 골프 회원권이라는 것은 오직 그 회원권의 소유자만 사용할 수 있는 것으로 되어 있어요. 그리고 회원권은 지인에게 있지요.

· 기자: 지인의 명의라는 것입니까.

· 총리: 나도 모릅니다.

지지율이 하락하면서 모리 총리는 기자와의 문답을 무시한 적도 많았지만, 기자들은 끝까지 질문공세를 퍼부었다. 때로는 총리가 대답하지 않는 모습마저도 가감 없이 기사화되어 신문에 나갔다. 기자들이 총리에게 질문할 때 정해진 질문만 하는 관례를 따르지도 않았다. 즉 공적인 영역을 대변하기 위한 언론의 취재 기회를 허비하지 않고 잘 활용했던 것이다.

미국 대통령은 선거전에서 거듭되는 토론을 거치고, 납세 증명 등 각종 정보 공개를 요구받는다. 이와 달리, 의원 내각제로 뽑히는 일본 총리는 그 자리에 오를 때까지 검증이 부족한 편이다. 모리 총리가 뽑힐 때도 당시 관방장관이었던 아오키 미키오(青木幹雄) 등 '5인방'의 밀실 회담에서 사실상 큰 흐름이 정해질 정도였다.[25] 따라서 사후 검증은 필수적이다. 이런 측면에서 총리에 대한 일상적인 밀착취재가 정치권력에 대한 '일본적인' 취재를 지탱해왔던 것이다.

TV카메라 앞에서 밀착취재[26]

모리 요시로의 뒤를 이은 고이즈미 준이치로(小泉純一郎)[27]는 총리 관저에 도착한 2001년 4월 26일 밤, 기자들에게 둘러싸여 "여러분이 총리 담당인가요? 잘 부탁합니다."라며 담당 기자 전원과 악수를 했다. 그는 "단, 걸으면서 말하지는 않겠습니다. 가끔씩 멈춰 서이야기하죠."라고 조건을 붙였다.

---

25) 한국이 정당 내의 경선과 토론회, 국민투표를 통해 대통령을 뽑는 반면, 내각제의 일본은 집권 여당의 대표(총재)가 총리를 맡는다. 즉 대의원 투표를 통해 결정되는 당대표가 사실상 총리가 되는데, 이 대의원 투표도 실질적으로 당내 '계파'들의 주고받기에 따라 결정된다.
26) 원문은 ぶら下がり(부라사가리). '매달리기'를 의미하며 일본식 도어스테핑이라고도 할 수 있다. 이 책에서는 '밀착취재'로 번역했다.
27) 2000년 초중반 일본 총리를 역임한 정치인. 높은 대중적 인기를 구가했지만 한국에서는 과거사 관련 막말로 많은 비판을 받았다. 두 차례 북일정상회담도 했다. 근래 기후변화에 대한 '재미', '쿨', '섹시' 등 표현과 특유의 순환논법으로 한국에서도 인터넷 '밈'화한 정치인 고이즈미 신지로의 아버지.

고이즈미 정부와 내각 기자회가 원칙에 합의하면서 하루 두 차례, 낮과 야간에 기자가 따라 붙으면 총리가 답하는 방식이 도입되었다. 밤에는 텔레비전 카메라가 준비했다. 아베 총리가 연호 발표 기자 회견 당시 꺼냈던, 총리가 텔레비전 카메라 앞에 적극적으로 나선다는 '헤이세이 스타일'은 이 때 확립된 것이다.

고이즈미 정권 때 관저를 옮기면서 기자가 총리 집무실 앞까지 출입할 수는 없게 됐지만, 최고 권력자에게 일상적으로 질문하는 '공공의 취재 기회'는 보장되어 있었다. 중요한 것은 총리실 측이 무언가 말하고 싶은 경우에만 이런 형식의 취재가 이뤄지는 것이 아니라, 질문 내용과 무관하게 일상적인 취재 기회가 있었다는 점이다.

'정치부 신입 기자들이 (최고위급인 총리를) 취재하는 것은 이상하다'는 비판도 있었지만, 재 질문이 사실상 금지된 정식 총리 기자 회견보다 훨씬 격렬한 문답이 오갈 수 있었다. 총리가 새로운 관저로 옮기면서 출입 금지 구역이 넓어져, 기자들의 밀착 취재가 쉽사리 노출되지 않게 된 총리 관저와 국민을 잇는 통로가 되었던 것이다.

하지만 정치인 입장에서 보면 밀착취재는 그야말로 '귀문'[28]이었다. 한 문장으로 간결하고 명확하게 말하는 것이 특기인 고이즈미 총리 이후로 '국민에 직접 말을 거는' 밀착취재를 잘해낸 총리는 없었다.

---

28) 鬼門, 귀신이 드나드는 문, 아주 싫은 것을 의미한다.

고이즈미에 이은 아베 신조 1차 내각에서 아베는 '카메라 시선'[29] 이라고 야유 당했고, 아소 다로(麻生太郎)[30]는 한자를 잘못 읽는 실수를 하면서 '바보 말투'로 놀림감이 되었다. 민주당 정권의 하토야마 유키오(鳩山由紀夫)[31]는 보도진에 대한 서비스 정신이 좋았지만, 후텐마 미군기지 이전 문제[32]를 둘러싼 발언이 밀착취재 때마다 오락가락 바뀌면서 정권의 혼란을 가속화했다. 하토야마는 2017년 8월 인터뷰에서 자신이 겪었던 밀착취재를 이렇게 회고했다.

"고이즈미 총리 시절부터 생긴 밀착취재. 그는 밀착취재를 자기 것으로 만들면서 높은 평가를 받았지요. 그런 의미에서 그는 천재였어요. 하지만 전 그렇지 않았습니다. 솔직히 힘들다고 생각했죠. 그래도 국민을 위해 총리가 하루 최소 2회. 공식 기자 회견이 아니라도 기자가 밀착취재를 하면 응답하는 게 의무라고 생각했습니다.

---

29) 촬영 시 카메라를 지나치게 의식하면서 시선을 카메라 쪽으로 하는 것.
30) 일본의 정치인으로 아베 1차 집권기에는 외무상을 역임했다. 이후 92대 총리에 취임했으나 민주당에 정권을 넘겨줬으며, 이후 아베 2차 집권기에 재무상을 맡았다.
31) 일본 역사상 최초의 정권 교체를 이뤄낸 주인공. 제93대 총리에 취임했으나 후텐마 기지 이전 문제와 정치자금 스캔들 등으로 9개월 만에 퇴임했다. 퇴임 이후 한국을 방문해 유관순 열사 추모비 앞에서 무릎을 꿇는 등 과거사를 깊이 반성하는 모습을 보였다.
32) 일본 오키나와에 있는 미군기지. 전투기 소음 등에 시달리는 주민들과 정부 사이의 갈등이 계속되고 있다. 하토야마 총리 시절 기지 이전을 약속했으나 결국 지켜지지 않으며 비판을 받았다.

좋고 싫음은 별개고요. 취재 때마다 저도 사람이 좋아서인지, 같은 질문에 같은 대답을 하면 재미없다고 생각해서 다른 표현으로 답하면 '하토야마가 흔들린다'고 하더군요. 저는 흔들릴 생각은 없었는데 말투가 조금이라도 바뀌면 흔들렸다고 하니… 제 입장에선 밀착 취재가 저에 대한 부정적 이미지를 만들었다고 생각합니다."

그는 정치부 1년차 기자가 주로 맡는 '총리 담당 기자'로부터 질문을 받는 것에 대해 어떻게 생각하고 있었을까? 하토야마의 답변은 이랬다.

"정치부에 막 들어온 사람들에게 왜 이런 중요한 일을 시키나 생각은 하면서도, 오히려 그렇게 막 들어온 신참들이 국민에 가깝지 않나 생각했어요. 몇 년 동안 정치부에 있던 기자들로선 '그런 질문을 왜 하는 거야'와 같은 생각이 드는 질문도 신입 기자는 아무렇지 않게 하니까요. 저도 한 번은 "하토야마 씨, 기세가 꺾이지 않았습니까?"라고 누군가 물은 적이 있어요. 후텐마 기지 건과 자금제공 등 두 사안 때문에 매일 상당히 기가 죽어 있었으니까, 꽤나 핵심을 찌른, 그 때 저의 심정을 정확히 겨눈 재미있는 질문이라고 생각했습니다. 어떻게 대답했는지는 잊었지만 그런 질문이 가능한 것은 역시 젊기 때문이라고 생각했고, 그래서 젊은 기자들이 총리를 담당하는 것이 의미 있다고 생각했습니다. 역시 국민의 눈높이와 가깝다고 생각했죠. 저는 신참들이 총리 담당을 하는 게 좋다고 생각합니다."

문을 닫은 민주당 정권

이렇게 운영되던 기자의 총리 밀착취재. 그런 '문'을 닫은 것은 아이러니하게도 기자 회견 공개화를 추진했던 민주당 정권 간 나오토(菅直人) 내각이었다. 간 나오토 정권의 간부들은 '하토야마가 너무 떠들어서 제 무덤을 팠다'면서 반면교사로 삼았고, 기자들의 취재 기회를 제한하기 시작했다. 간 나오토 정권은 2010년 6월 9일 명확한 이유를 밝히지 않은 채 밀착취재를 1회로 줄이고, 대신 한 달에 한 번 기자 회견을 여는 방안을 내각 기자회에 제시했다. 같은 달 20일에는 하토야마 총리가 응했던 '아침 공저(公邸)[33] 앞 취재'를 인정하지 않겠다는 방침을 내각 기자회 간사에게 일방적으로 통보했다. 기자들이 아침에 질문을 해도 간 총리는 응하지 않고 그저 지나갈 뿐이었다.

민주당 안에서는 "개방이 정책적 신조인 민주당인데…"라는 우려의 목소리가 높았지만, 간부들은 "당내 업무로 시간이 없다."라면서 야간에 이뤄지던 밀착취재까지 중단시켰다. 그리고 2011년 3월 11일 동일본 대지진[34]이 발생하자 간 총리는 재해 대응에 집중한다면서 밀착취재를 당분간 보류하겠다는 뜻을 내각 기자회에 전했다.

---

33) 총리의 공식적인 거주 공간
34) 후쿠시마 제1원전 사고. 일본 동북부 지방을 관통한 대지진과 쓰나미(지진해일)로 후쿠시마 제1원자력 발전소에서 방사능이 누출된 사고를 의미한다. 2022년 현재까지도 폐로 작업이 끝나지 않고 오염수(일본 측 명칭 처리수) 방출로 논쟁이 이어지고 있는 현재진행형인 사고다.

위기 상황을 이유로 들며 "그 대신 총리 회견을 제대로 하겠다."라고 약속했지만 결과적으로 총리를 직접 취재할 기회는 크게 줄었고, 일방적으로 총리실 블로그 등에 게재하는 입장 표명이 소통의 중심이 되었다. 같은 해 9월 뒤를 이은 노다 요시히코(野田佳彦) 총리는 2011년 10월 17일 인터뷰에서 간 나오토 내각의 앞선 결정을 더욱 굳건히 했다.

"밀착취재 방식은 받아들이지 않는다는 것이 저의 기본 입장입니다. 차분한 상태에서 확실히 이야기를 들어주십시오. 저도 그런 환경에서 설명할 수 있기를 바랍니다."

그것은 밀착취재를 폐지하겠다는 공식 선언이었다. 그는 '기자 여러분이 질문할 때 답변하는 것은 중요한 소통 방법'이라며 인터뷰와 기자회견에는 응하겠다는 뜻을 밝혔지만, 회견의 빈도에 대해선 언급하지 않은 채 총리실이 회견 횟수를 판단해야 한다는 입장을 보였다.

후지무라 오사무(藤村修) 당시 내각관방장관은 이날 회견에서, 해외 출장이나 국내 시찰을 계기로 기자회와 대화의 장을 마련해왔던 것을 염두에 둔 듯 '노다 총리가 취임한 9월을 되돌아보면 의외로 여러 곳에서 비교적 확실히 입장을 밝혔다'고 강조했다.

하지만 시찰 중에 이뤄지는 문답은 현실적으로 질문 수가 제한되고, 행사와 직접적인 관련이 없는 질문이 나오면 지적을 받는다. 또 회견의 빈도 자체가 구체적으로 정해져 있지 않다는 것은 총리 측이 원하는 경우에만 입장을 밝혀도 된다는 의미다. 이에 내각 기자회는 총리에게 문서로 항의하고 밀착취재 폐지를 다시 생각해달라고 촉구했다. 그러나 총리실의 결정을 뒤집을 수는 없었다.

그리고 2012년 12월 16일 총선 결과 아베 신조가 총리로 복귀했다. 아베 신조는 제1기 집권 시절 카메라를 너무 의식해 '카메라 시선'이라고 야유를 받았던 터였다. 특히 전임 고이즈미 총리의 존재감에 시달려온 아베 총리로서는 민주당 정권이 취재의 통로를 닫은 것이 뜻밖의 행운이었다. 당연히 아베 2기 내각도 '밀착취재는 악몽 같았다'는 입장을 보였던 민주당 정권의 방침을 그대로 따르게 되었다.

스가 요시히데 관방장관은 2012년 12월 27일 기자 회견에서 "밀착취재보다 더 많은 국민들에게 정보를 줄 수 있는 방법을 생각해보겠다."라면서 기자회견을 많이 하겠다는 의사를 밝혔다. 하토야마는 인터뷰에서 이렇게 지적했다.

"밀착취재가 없으면 총리야 편하죠, 상당히 편하리라고 생각합니다. 하지만 저는 짧은 시간 동안, 압축된 질문에, 국민이 관심을 가지고 있는 사안에 답변하는 것은 총리의 의무라고 생각하기 때문에 국민 입장에서 보면 밀착취재를 해야 한다고 봅니다. 다만 기자클럽 제도 때문에 질문이 가능한 곳은 수십 개 언론사로 한정되어 있습니다. 저는 기자회견 자체도 가능하면 외국인 기자도 포함해 듣고 싶은 사람 모두에게 공개하는 것이 좋다고 생각합니다. 밀착취재의 형식 자체가 바뀔 필요는 있다고 봅니다."

언론을 고르기 시작하다

2기 아베 정권은 2013년 1월초 내각 기자회견에 단독 인터뷰를 적극적으로 하겠다는 입장을 밝혔다. 이는 단독 인터뷰를 사실상 하지 않았던 기존 방침과는 완전히 반대된 조치였다. 내각 기자회는 매체의 구분과 회견 횟수에 제한을 두지 않을 것을 요구했다. 이어 같은 달 23일 경쟁적인 단독 인터뷰 취재에 대한 '자제' 방침도 해제했다. 2012년 12월 아베 2기 내각 출범 후 반년도 지나지 않아 관동 지역에서 배포되는 모든 전국지와 지역신문 1면에 총리 인터뷰가 게재됐다. 주간지 단독 인터뷰에도 아베는 적극적으로 응하기 시작했다. 총리 단독 인터뷰가 실렸던 매체를 살펴보면 아래와 같다.

2012년	
12월 30일	TBS · 산케이신문 · 추고쿠(中國)신문
2013년	
1월	주니치신문·도쿄신문·니혼게이자이신문·요미우리TV·후지TV·교도통신·마이니치신문·내각 기자회 스포츠 신문사 6곳
2월	지지통신·워싱턴포스트·아사히신문
3월	TV도쿄·요미우리TV
4월	내각 기자회 스포츠 신문 · TBS · 주간문춘 · 요미우리신문 · 타스통신 · 산케이신문·홋카이도 신문·터키 국영 방송·알자지라
5월	내각 기자회 스포츠 신문 · 허핑턴포스트(미국판/일본판) · 포린어페어스

당시 아사히신문 정치 부장은 총리 단독 인터뷰 금지령이 풀린 것에 대해 아래와 같은 견해를 2013년 6월 9일자 지면에 밝혔다.

"나는 2012년 말 아베 정권의 출범 즈음 본지 1면에서 '보수는 본래 국민에게 안심과 안정을 제공할 책임이 있다. 이를 감시하는 것이야말로 아사히신문의 책무'라고 썼다. 가장 적절한 타이밍에 최고 권력자의 본심과 생각을 끌어내, 독자와 국민에게 알리는 것도 그 의무를 이행하기 위한 것이다. 물론 권력자가 자의적으로 매체를 고른다면 언론사 전체가 대항할 필요도 있겠지만, 우선 아사히신문이 엄격한 감시를 게을리 하지 않는 것이야말로 권력 남용을 막고 독자의 믿음을 얻는 길이라고 생각한다."

정치인 '직격 인터뷰'가 특기인 원로 저널리스트 다하라 소이치로(田原總一朗)[35]도 "언론들이 현직 총리 단독 인터뷰를 하지 않는 것은 기자회의 전근대적 규칙에 불과하다."라고 지적했다. 다만 니혼TV의 디렉터 출신인 미즈시마 히로아키(水島宏明) 조치대 교수는 이런 우려를 표명했다.

"단독 인터뷰 자체에 의미가 있음을 부정하지는 않는다. 그러나 아베 정권의 언론 전략이 얼마나 교묘해졌는지 실감한다. 또 언론

---

35) 평론가이자 뉴스캐스터로 활약했다.

의 전반적인 질이 떨어졌음[36]을 느낀다. 인터뷰에서도 '인간 아베'를 앞세워서 인터뷰하는 것이 눈에 띈다. 총리에 대한 비판적 질문은 적다. 국민을 대표해 물어야 할 것을 엄격히 묻는 자세를 언론사 전체가 관철하지 않으면, 권력은 매체를 고르고 언론은 권력에 빌붙어 정보를 얻는 관계가 될 위험이 있다. 언론사들이 이런 부분을 충분히 인식하지 못하는 것 같다."

현실이 된 매체 고르기

기자회는 매체가 선별되지 않도록 총리실에 요구했지만, 그런 약속이 지켜진 것은 정권 출범 초기뿐이었다. 아베 정권 출범부터 2019년 4월 15일까지 이뤄진 신문과 방송사의 총리 단독 인터뷰는 아래와 같다.

· NHK : 20회
· 산케이신문 : 13회
· 니혼TV : 11회
· 니혼게이자이 신문 : 8회
· 요미우리신문 : 6회
· 마이니치신문, TBS : 5회

---

36) 원문은 열화(劣化).

- TV도쿄 : 4회
- 아사히신문, TV아사히, 후지TV : 3회

아베 총리는 이 밖에 개별 TV 프로그램 출연도 적극 응했다.

- NHK(국제 방송 포함) : 37회
- 후지TV : 25회
- 니혼TV : 20회
- TV아사히 : 11회
- TBS : 9회
- TV도쿄 : 3회

　총리실에 인터뷰를 신청하면 무엇을 질문할 지 항상 사전 조정이 이뤄졌다. 이렇게 아베 정권은 매체를 선별했다. 단독 인터뷰가 진행되면서 내각 기자회가 그동안 유지해온 공적 차원의 취재 기회는 줄어들었다. 지금까지 총리가 TV에 단독 출연하면 별도로 신문·통신사에 의한 그룹 인터뷰가 진행되는 관례가 있었다. 신문과 방송사의 취재 기회를 균등하게 하기 위해서였다.

　3개 언론사가 순서대로 참여하는 형식으로, 한 회당 40분의 시간이 보장되었다. 기자회를 대표하는 3곳의 팀장(캡)이 총리에게 질문했다. 이처럼 3개 언론사가 들어가는 '그룹 인터뷰'는 평소 해오던 밀착취재보다 긴 시간 동안 이뤄진다. 게다가 같은 내용에 대해서는 다시 질문을 받지 않는 총리의 일반적인 기자회견과는 달리 의

문점에 대해 거듭 질문할 수 있는 자리다.

로테이션 형식이어서 자동적으로 취재 기회가 돌아오므로 취재 기회를 마련하기 위해 총리실의 눈치를 볼 필요가 없다. 그래서 기자가 원하는 대로 관심 있는 주제를 질문할 수 있다. 원한다면 3개 언론사 이외의 기자클럽 회원사도 동석하고 내용을 공유할 수 있다.

하지만 기회 균등 시스템으로 돌아가던 그룹 인터뷰는 단독 인터뷰 시대가 열리면서 사라졌다. 선거 전에 이뤄지곤 하던 그룹 인터뷰도 중단되었다. 그리고 민주당 정권에서는 프리랜서 저널리스트도 참여할 수 있었던 총리 관저에서의 단독 기자회견은 2014년을 기점으로 점점 줄어들었다.

- 2012년 노다 요시히코 : 13회 / 아베 신조 : 1회
- 2013년 아베 : 7회
- 2014년 아베 : 9회
- 2015년 아베 : 6회
- 2016년 아베 : 5회
- 2017년 아베 : 4회
- 2018년 아베 : 3회

반면 아베 신조가 총리가 된 뒤부터는 총리의 모두발언 시간은 길어졌다. 가뜩이나 기자 회견 횟수가 줄어든 상황에 모두발언이 길어지다 보니 질문 시간은 짧아졌다. 이 때문에 총리실 기자클럽에 상주하는 기자들조차도 총리에게 1년 동안 질문할 수 있는 기회

는 거의 없게 되었다.

선거를 앞두고 아베가 간택한 아베마TV

2017년 10월 중의원 선거 공시 이틀 전, 아베 총리가 인터넷 방송에 생방송으로 출연했다. 이 방송은 2016년 봄부터 방송을 시작한 무료 인터넷 TV로 아베마(Abema)였다. 방송 프로그램의 '정치적 공정성' 등을 규정한 일본 방송법 4조[37]의 제약을 받지 않기에 처음부터 다음과 같은 문답이 오갔다.

· 사회자 : 오늘은 대단한 손님이 함께해주십니다. 제 97대 내각
총리대신 아베 신조 씨. 저는 아베 씨의 팬으로서 계속 "일본은
아베가 아니면 안 된다."라고 얘기해왔습니다.
· 보조 출연자 : 사상 최고로 진행하기 힘든 순간이 온 것 같습
니다만… 설마 아베 총리에게 첫인상을 말하는 날이 올 줄이
야… 댄디하고 멋진 분이군요.
· 아베 : 기쁘네요. 좀처럼 그런 말을 들어본 적이 없어서.

같은 날 오후 일본 기자 클럽에서는 중의원 선거의 당수 토론회

---

37) 일본 방송법 4조는 '정치적으로 공평할 것', '의견이 대립하는 사안은 가능한 다양한 각도에서 논점을 전달할 것' 등을 규정하고 있다.

가 열렸다. 주로 신문사에 소속된 베테랑 기자들이 모리토모 학원 문제 등에 대해 총리 측 설명이 신빙성이 없다고 지적하는 질문을 쏟아낸 터였다.

그런데 아베마TV 출연자들은 총리에 대해 "상냥하고 거짓말을 못한다.", "정말 신의가 있고 사리사욕이 없다. 그래서 발목 잡히기 쉽다.", "정직해서 허언을 못한다. 말주변이 없다."라는 식으로 칭찬을 했다. 당시 오간 이야기를 더 보자.

- 아베 : 오늘 이렇게 칭찬받아 정말 기쁩니다. 참, 오늘 기자클럽 토론회가 있었습니다. 뭐가 됐든 '아베 신조 정권 때는 개헌은 없다'는 내용입니다. '다 제 부덕의 소치'라고 반성하면서 여기 왔습니다만, 이렇게 오늘 칭찬해주시니 정말 내일부터 다시 힘을 내려고 합니다.
- 사회자 : 정말 아베 씨가 힘내 주시지 않으면 일본은 경제도 제대로 꾸려 나갈 수 없고, 북한으로부터 나라를 지킬 수도 없고, 외교도 역대 총리 가운데 이렇게 성과를 거둔 분이 없습니다. 내정도 그렇지요. 그런데 어째서 (언론이) 저렇게 하는지 잘 모르겠어요.
- 게스트 출연자 : 뭔가 일본 언론은 권력 감시에 대해 착각하고 있습니다. 비난하지 않으면 언론이 (권력과) 같은 편으로 여겨질지 모른다, 이런 의식이 있지요. (중략)
- 사회자 : 정권을 욕하기만 하면 좋은 것 아니냐는 식이죠. 이런 언론의 모습은 정말 문제입니다. (이 부분은) 아베 씨가 나가

신 뒤 천천히 이야기하시죠. 총리님, 언제부터 의회 해산을 생각하셨는지요.

방송법 4조의 영향을 받는 민영 방송사의 경우 각 정당을 공정하게 다루는 것이 중요했지만, 이날 오후 9시부터 1시간 동안 아베마 TV에서는 아베 총리의 입장 개진과 총리에 대한 예찬이 이어졌다.

민주당 정권이 끝나고 자민당이 재집권한 뒤 자민당은 기존 방송국에 선거 보도의 공정성을 강하게 요구했다. 2013년 7월 참의원 선거 직전 있었던 TBS의 'NEWS23'에서 정기 국회 회기 말의 법안 처리를 보도한 것과 관련해, 아베 총리와 이 회의에 참석한 사람들은 "공정성이 결여됐다."라며 그 이후 TBS의 취재나 출연 요청을 거부했다. 아베의 대변인 스가 역시 "선거가 있는 매우 중요한 시기에 객관적 사실과 다른 보도를 했습니다. 요청을 거부하는 게 당연합니다."라고 주장하면서 참의원 선거의 당수 토론 프로그램 등에 출연하지 않겠다는 의사를 밝히기도 했다.

2014년 중의원 선거 전에도 NEWS23에 출연한 아베 총리가 "길거리 인터뷰가 편향됐다."라면서 프로그램 도중 "이상하다."라고 비판했다. 이후 자민당은 NHK와 민영 방송국 다섯 곳에 선거 보도와 관련해 '공정한 중립'을 요구한다는 공문을 보내며 경계심을 보였다.

2016년 2월에는 당시 다카이치 사나에(高市早苗) 총무상[38]이 방송법 4조의 '정치적 공정성' 규정을 근거로 방송국의 방송 정지를 명령할 가능성[39]을 언급하기도 했다.

이렇게 아베 총리는 기존 미디어에는 '공정성이 없다'며 방송 정지 명령을 할 수도 있다고 위협하는 한편, 아베마TV처럼 방송법에 걸리지 않는 미디어를 간택해 자유롭게 자신의 생각을 밝혔다.

총리에게 질문할 기회는 사라지고

아베 정권이 들어선 뒤 총리에게 물을 기회는 점차 사라졌다. 일본은 신문에 총리 동정이 소개가 되는데 동정 란에 '각사 인터뷰'라고 쓰인 것은 기자가 1~2개 정도의 질문을 하는 짧은 밀착 취재를 뜻한다. 보통 마이크를 가진 방송국 기자가 대표로 질문을 한다. 질문 내용은 사전에 총리 측에 전달된다. 그러다보니 스포츠에 빗대면 사실상 '승부 조작'이라고 해도 과언이 아니다. 이 룰을 지키지 않고 기자가 질문을 하면 총리 주변 비서관들이 불만을 표한다.

공개적 질문 기회가 점점 줄어드는 상황은 총리실뿐만 아니라 정부 전체에 퍼져 있었다. 대표적인 예가 재무성이다. 2018년 2월 재

---

38) 아베 신조 전 총리의 측근 인사로 2019년 4차 아베 내각에서도 총무상으로 재임명됐다.
39) 당시 방송업계를 감독하는 위치에 있었던 그가 TV 방송국이 불공평한 보도를 하면 전파 사용을 정지할 수도 있다고 언급해 논란이 됐다.

무성은 국회에 '2017년 4월 1일~2018년 2월 21일 아소 장관의 내각 회의 후 기자 회견 장소'라는 제목의 문서를 제출했다.

- 총리 관저 3층 현관 : 51회
- 국회 내 : 20회
- 재무성 회견실 : 8회

내각 회의 이후의 기자회견은 매주 화·금요일 회의에 이어 진행된다. 심의 시간이 촉박하다거나 하는 특별한 사정이 없으면 기자회견은 각 부처 회견실에서 열리는 것이 기본이다. 그러나 아소 장관의 경우 79번 이뤄진 회견 가운데 프리랜서 저널리스트나 재무부 기자클럽에 소속되지 않은 기자도 편하게 참가할 수 있었던 것은 10%에 불과했다. 3분의 2는 출입 규제가 엄격한 총리 관저 입구에서 밀착취재 형식으로 짧게 이뤄졌다. 예를 들어 2017년 11월 24일 모리토모 학원 국유지 매각 회계 감사 당시 8억 엔을 할인한 가격에 매각한 근거가 불충분하다고 지적하는 보고서가 나온 직후 이뤄진 기자회견도 관저 입구에서 밀착취재 형식으로 진행되었다.

- 아소 다로 부총리 : 모리토모 학원의 국유지 매각에 대한 회계 감사원의 보고서가 발표됐습니다. 재무부는 이 결과를 무겁게 받아들여야 한다고 생각합니다. 향후 국유 재산 관리 및 처분에 대한 절차를 명확하게 하고, 예외는 최대한 만들지 않겠습니다. (중략) 재검토한 구체적 내용은 심의회의 국유 재산 분과

회에서 검토할 생각입니다. 자세한 내용은 나중에 사무국에 물어주세요.

· 기자 : 이렇게 허술한 재산 처분이 애초에 왜 이뤄진 것인가요? 이번 결과에 대해 재무부에서 누가 책임을 질 것인가요? 혹시 손타쿠가 있었는지요?

· 아소 다로 : 지금 단계에서 답하지 않겠습니다.

· 기자 : 방금 말씀하신 것은 향후 대책이었습니다. 모리토모 학원 건에 대해 재무성에서 새롭게 검증할 의향이 있나요?

· 아소 다로 : 지금으로서는 없습니다.

· 기자 : 모리토모 학원에 대해⋯

· 아소 다로 : 한 언론사에 질문은 한 개씩입니다. 제가 정한 것이 아니니까 허가는 '이 쪽'에서 먼저 받아 주세요.

'이 쪽'이라고 아소가 말한 것은 '간사 매체'다. 간사 매체가 요청을 받아들이자 해당 기자는 "죄송합니다, 감사합니다."라며 추가 질문을 했지만, 의혹을 해소하기에는 턱없이 부족했다.

기존 재무성의 해명을 완전히 뒤집은 보고서가 제출된 뒤 처음 열린 기자회견임에도 불구하고 모리토모 학원 관련 질문은 3개뿐이었다. 다른 주제에 대한 질문을 포함해도 5개로 끝났다. 재무성 홈페이지에 올리는 회견 개요에는 '1사 1질문' 등 아소 다로의 일부 발언은 아예 생략되어 있었다.

모리토모 학원 관련 문제가 됐던 사가와 노부히사(佐川宣壽) 전 이재국장[40]의 국세청장 취임에 즈음한 기자회견은 기자들이 여러 차례 요청을 했지만 '제반 사정'을 이유로 결국 열리지 않았다. 나중에 그는 공문서 위조 사실이 발각돼 퇴임하면서야 처음으로 회견에 응했다.

2017년 11월 24일부터 2018년 2월 23일까지 3개월간 진행된 아소 부총리의 회견에서 회견 1회당 질문은 2.84개였다. 재무성에 자료를 요구한 유노키 미치요시(柚木 道義) 중의원 의원은 2018년 한 회의에서 "아소가 이런 식으로 한다면 사가와에게 '기자회견 잘하라'는 지시를 할 수도 없다."라며 아소를 추궁했다. 이 의원은 국제 언론인 단체인 '국경 없는 기자회'가 발표하는 언론 자유도 순위가 민주당 정권 때보다 자민당 시기에 낮아졌다는 점을 거론하며, 아소를 비롯한 정권 간부들의 이런 태도가 급격한 순위 하락의 요인이라고 지적했다.

이에 대해 아소는 "회견 장소에 관계없이 기자들의 질문이 있으면 정중하게 대답하고 있다. 언론의 자유는 지금도 있다. 언론 자유도 순위를 높이기 위해 무언가를 할 생각은 없다."라고 반박했다. 하지만 앞서 언급된 아소와 기자들 사이 이뤄진 문답 상황을 보면 그의 인식과 현실 사이 차이는 작지 않음을 알 수 있다.

2017년 정기 국회에서도 모리토모 학원 문제를 중심으로 총리 주변 인물들을 둘러싼 의혹이 잇따라 제기되었다. 하지만 '아베 총리에 대한 모욕'을 저지른 것으로 간주된 가고이케 야스노리(籠池泰

---

40) 국유지를 비롯한 국유자산 관리를 총괄한다.

典)[41] 전 모리토모학원 이사장 이외의 증인 소환은 이뤄지지 않은 채, 2017년 3월 27일 신년도 예산이 확정되었다. 예산위원회가 끝나면 총리가 국회에 출석하는 기회가 급격히 줄어든다. 일상적인 밀착취재 기회도 거의 사라지게 되는 것이다. 당시 일본은 '총리에 질문할 수 없는 나라'가 되었다.

　"결국 총리실의 승리인가."

　정치부 기자들 사이에는 점차 이런 자조적인 분위기가 퍼졌다. 당시 국회 취재를 담당하던 나는 정부와 여당 정치인들의 괴상한 '답변'을 읽으면 읽을수록 반발심이 커졌다. 기자 회견 메모를 읽을 때마다 "좀 더 추궁할 수 없었나…"라는 생각에 속이 타들어갔다.
　바로 그때, 나와 같은 생각을 가진 기자가 나타났다. 그가 선택한 것이 바로 총리 관저 내 유일한 공공의 취재 기회인 '관방장관 기자 회견'이었다.

---

41) 국유지 헐값 매입 의혹의 당사자인 모리토모학원의 전 이사장. 당초 아베 총리 측과 긴밀한 사이였으나 의혹이 제기된 이후 자신의 잘못으로만 비쳐지는 것에 불만을 느끼고 아베 총리 측으로부터 기부금을 받았다고 폭로했다.

제2장

모치즈키 '질문 금지, 사건의 전모

2장에서 저자는 모치즈키 이소코 도쿄신문 기자의 스가 요시히데 관방장관 기자회견 취재로 촉발된 당국과 기자들 사이 '격론'을 소개합니다.

아베 신조 총리-스가 요시히데 관방장관 '콤비' 체제가 장기화하면서 곳곳에서 정권 부패 의혹이 터져 나왔습니다. 그 가운데에도 모리토모·가케학원 스캔들은 정권의 운명을 뒤흔들 정도의 충격을 안겼습니다. 두 의혹 모두 아베 총리가 자신의 주변인에게 특혜를 주기 위해 영향력을 행사했다는 점이 핵심인데, 정권은 정보의 은폐와 왜곡, 변명으로 의혹의 '확산'을 막는데 주력했습니다.

스가 관방장관의 이런 '철벽' 대응에 무기력함을 느끼던 기자회견에 활력(?)을 불어넣은 사람이 바로 모치즈키 기자였습니다. 모치즈키 기자는 심은경 배우가 열연한 영화 「신문기자」의 실제 주인공으로 국내에 잘 알려진 인물입니다. 모치즈키 기자는 당시 기자회견의 기저에 깔려있던 어떤 '합의'에 아랑곳하지 않고, 오직 정부로부터 합당한 '대답'을 듣겠다는 마음으로 질문 공세를 펼칩니다.

저자는 모치즈키 기자의 스가 관방장관에 대한 추궁이 어떤 의미를 지니고 있는지, 저자 스스로를 비롯한 기자들이 어떤 연대의 모습을 보여줬는지 전합니다. 스가 장관 측이 기자클럽 제도를 악용해 '갈라치기'와 '음해'로 대응하는 모습은 당시 아베 정권의 본질을 선명하게 드러냅니다. 여기에 극우 매체 및 엘리트주의에 빠져있던 일부 기자들이 어떤 반감을 드러냈는지도 보여줍니다. 모치즈키 기자의 저돌적인 취재를 보며 저자가 스스로와 언론계의 관행을 돌아보는 모습도 눈여겨볼 만합니다.

기자 없는 기자회견

"오늘 3시 18분경 북한 서안(西岸)에서 탄도 미사일이 발사됐습니다. 한 발이 우리 배타적 경제수역 안에 떨어질 것으로 보입니다."

북한이 미사일을 발사한 2017년 11월 29일. 스가 요시히데 관방장관의 임시 기자회견은 오전 4시에 시작되었다. 회견문에는 '예측할 수 없는 사태에 대비해 만반의 태세를 갖출 것'이라는 아베 신조 총리의 지시와 정부의 향후 대응, 북한에 대한 항의가 담겨 있었다. 사무관이 준비한 문서를 거침없이 읽은 스가 장관은 "정보 수집·분석에 전력하고 있으며 앞으로 추가 공표해야 할 정보를 입수했을 경우 신속하게 발표하겠다."라고 말한 뒤 회견장을 빠져나갔다.

밤낮을 가리지 않고 발생하는 위기 상황의 대응은 관방장관의 중요한 역할이다. 물론 재해를 비롯한 긴급 사태에 신속하게 대처하는 모습을 보이는 것은 의미가 있다. 당시 양원(중의원·참의원)의 예산위원회 일정과 겹치면서 스가도 각료로서 매일 여섯 시간 가까이 회의에 붙잡혀 있던 터였다.

그런 격무에는 머리가 절로 숙여지지만, 이날 회견장을 멀리서 바라보면 묘한 느낌을 받았다. 기자가 거의 없었던 것이다. 전에는 기자들과 미리 조율해 기자들이 시간에 맞춰 자리할 수 있도록 회견을 개최하는 것이 관례였다. 하지만 보도 기관에 의지하지 않아도 회견 모습을 인터넷으로 생중계할 수 있다고 판단한 총리실은 기자가 있든 없든 상관없이 신속하게 기자회견을 열기 시작했다.

이는 애초부터 질문을 받지 않겠다고 작정했음을 의미한다.

여기에는 정부 견해를 일방적으로 발표만 하면 된다는 속마음이 엿보인다. 또 이런 영상이 공개되면서 스가가 위기관리에 강하다는 이미지를 만들어내는 데 성공한 것도 사실이다. 스가는 '레이와 오지상'[42]으로 불리며 호감도를 높인 연호 발표 회견에서도 간사 매체(후지TV·산케이신문)의 질문만 받았고, 답변도 정부가 하고 싶은 것에 한정했다.

답하기 싫은 질문에는 답하지 않아도 좋다

스가는 콜린 파월[43] 전 미 국무장관의 저서에 담긴 한 문장을 자신이 기자회견에 임하는 마음가짐이라고 공언한 적이 있다. 그 말은 "대답하기 싫은 질문에는 대답할 필요가 없다."는 것이다. 관방장관이 된 지 1년 이상이 지난 2014년 3월 인터뷰에서 그는 이렇게 말했다.

---

42) '레이와 아저씨'를 의미한다. 스가가 관방장관으로서 새로운 연호를 발표하자 그의 발표 장면을 다양하게 패러디한 사진이 인터넷에서 돌면서 젊은 층을 중심으로 그에 대한 호감도가 올랐다.

43) 백악관 국가안보회의(NSC) 부보좌관과 국가안보좌관을 역임하고 조지 H.W. 부시(아버지 부시) 공화당 행정부 시절인 1989년 흑인 최초이자 최연소 합참의장에 오른 인물. 1991년 걸프전쟁을 승리로 이끈 주역으로 김대중 노무현 정권 때 국무장관을 지내며 한반도 문제에도 깊숙이 관여했다. 2021년 10월 코로나19 감염에 따른 합병증으로 별세했다.

"그(파월)는 책에서 '기자는 질문할 권리가 있다. 나는 대답하지 않을 권리가 있다.'고 말했습니다. 그걸 읽고 나니 마음이 많이 편해졌습니다."

실제로 파월의 저서 「리더를 목표로 하는 사람의 마음가짐」[44]에는 "대답하기 싫은 질문에는 대답하지 않아도 된다."라고 적혀 있다. 다만 파월은 결코 거짓말을 하거나 속여서는 안 된다고 덧붙였다. 파월은 과거 미국이 벌인 이라크전과 관련, "이라크에서 대량살상무기가 발견됐다."라는 자신의 주장이 잘못됐다고 인정한 바 있다. 그러니 스가의 주장은 파월의 말에서 자신에게 유리한 부분만을 취해 강조한 것이다.

스가는 파월이 쓴 책의 한 줄에서 마음의 위안을 얻으려 했던 것으로 보인다. 그도 관방장관이 되어 '정부의 대변인'으로서 매일 기자회견을 하는 것에 긴장했을 것이다. 스가는 원래 말을 잘한다고 할 수도 없고, 말을 통한 설득에 능한 타입의 정치인은 아니다. 그런데도 대변인을 맡다보니 평일 매일 두 차례 열리는 기자회견을 치러야 하는 상황에 마주하게 된 것이다.

호소카와 내각에서 관방장관을 맡았던 다케무라 마사요시(武村正義)는 관방장관 회견에 대해 '국내외 정책과 정국은 물론 각종 사건 사고까지 삼라만상이 주제'라고 말한 적이 있다. 이에 대응하기 위

---

44) 원제는 「It Worked for Me: In Life and Leadership」, 한국어판 제목은 「콜린 파월의 실전 리더십」

해 관방장관실에는 재무성, 외무성, 경찰청, 경제산업성 등에서 에이스급 인재들이 '비서관'으로 파견되어 예상 문답을 준비하고 지원하는 체제가 갖춰져 있다. 총리를 비롯해 전 각료가 출석하는 예산위원회 질의 때도 관방장관의 회견은 엄연히 '공무'로서 중시된다. 관방장관이 회견을 위해 45분간 자리를 비우는 것을 국회가 관례적으로 허용할 정도다.

다케무라 전 관방장관은 "기자 회견에 임할 때 기자의 뒤에 있는 국민을 의식하면서 했다. '지금은 대답할 수 없습니다'거나 '대답할 자신이 없습니다'와 같은 표현도 써가며 최대한 솔직하게 설명하려 했다."라고 회고했다. 그는 1994년 2월 호소카와 모리히로(細川護熙) 총리가 새벽 회견에서 국민복지세[45] 구상을 불쑥 발표한 것에 대해 같은 날 회견에서 "잘못된 것을 바로잡는 것이 최고라는 말이 있다."라는 명언을 남겼다.

내각 기자회 주최로 열리는 관방장관 기자 회견은 시간제한이 없다. 종료 형식을 보면 마지막에 전체 간사를 맡고 있는 언론사 기자가 손을 든 사람이 없는 것을 확인한 뒤 "(끝내도) 괜찮겠습니까?"라고 묻고, 진행을 맡은 보도실장이 "고맙습니다."라고 덧붙인다. 이 두 발언이 나오면 회견은 비로소 끝난다.

---

45) 1993년 야7당 연립정권을 구성해 자민당을 누르고 총리에 올랐던 호소카와 모리히로 당시 총리가 제안한 것으로, 기존 소비세를 국민복지세로 바꾸고 비율을 3%에서 7%로 올리는 구상. 연립정권 안에서도 반대의 목소리가 이어지면서 결국 무산됐다.

발단은 괴문서 발언

이런 방식으로 진행되던 관방장관의 기자회견이 크게 바뀌게 된 계기가 있다. 바로 가케학원 스캔들이다. 2017년 5월 17일, 아베 신조 총리의 친구가 이사장으로 있던 가케학원의 수의대 신설을 둘러싸고 파문이 일었다. 당시 총리의 뜻이라는 의미로 '총리 의향' 등의 문구가 적힌 관련 문서가 아사히신문을 통해 보도됐는데, 스가는 이를 두고 '괴문서 같은 것'이라며 문서의 존재를 부정했다.

· 기자 : 가케학원 문제로 여쭤봅니다. 마쓰노 히로카즈(松野博一) 문부과학상이 국회 위원회에서 "어떤 경위로 일어난 것인지 확인하고 싶다."라고 말했는데요, 이후 확인 상황 관련 정부가 파악하는 것이 있습니까.
· 스가 : 오전에도 말씀드렸습니다만, 마쓰노 문부과학상이 현재 확인중이라는 것은 알고 있습니다. 결과는 보고되지 않았습니다.
· 기자 : 이어지는 질문입니다. (야당인) 민진당 대표는 "가케학원 사건은 총리를 위한 손타쿠다. 총리 친구에게만 특별한 배려가 이뤄진다는 의혹이 깊어졌다."라고 지적했습니다. 또 야당에서는 집중 심의를 요구하는 목소리가 나오고 있습니다. 이런 야당의 요구에 대해 어떻게 생각하시는지요?
· 스가 : 무엇을 근거로… 그러는 걸까요. 완전히 '괴문서 같은 문서'잖습니까. 출처도 명확하지 않고요.

곤란한 질문이 나오면 "그런 일은 전혀 없다."라며 질문을 잘라 버리는 것이 스가의 버릇이다. 예를 들어 2016년 3월 8일 도쿄전력 후쿠시마 제1원자력 발전소 사고 5주기를 앞둔 기자 회견에서 블룸버그통신 소속 기자가 "민주당 에다노 유키오(枝野幸男) 간사장이 아베 정부의 원자력 발전 재가동을 비판하고 있다. 특히 사고 발생 시의 국민 피난 계획이 불충분하다고 지적합니다만."이라며 입장을 물었을 때도 스가는 이렇게 대답했다.

"정부는 원자력 발전 재가동에 있어 안전이 제일 중요하다는 입장입니다. 피난 부분도 훈련을 실시하고 있어 전혀 문제가 없다고 생각합니다. 후쿠시마 발전소는 재가동 절차를 확실히 밟고 있습니다. 그래서 에다노 유키오 민주당 간사장의 비판은 전혀 타당하지 않습니다."

이는 피난 계획의 실효성에 대한 의문을 완전히 무시하면서 일방적으로 '전혀 문제 없다'는 정부의 입장만을 밝힌 것이다. 가케학원 문서 논란이 터져 나왔을 때도 스가는 마찬가지로 단정적으로 부정하는 태도를 보였다. 어쩌면 다른 매체 기자들의 머릿속에 '아사히신문의 특종을 따라서 보도했다가 나중에 오보가 되지 않을까'라는 의심의 씨앗을 심으면 의혹이 더 확산하는 것을 막을 수 있으리라 생각한 것인지도 모른다.

관방장관의 답변은 정부 전체의 입장을 규정한다. 문부과학성은 가케학원 문제와 관련해 형식적인 조사를 반나절 했고, 그 결과 "문

서의 존재는 확인되지 않았다."라는 입장을 내놓았다. 문부성 사무
차관이던 마에카와 기헤이(前川喜平)가 문서가 존재한다고 증언했는
데도 불구하고, 스가는 "출처도 모르기 때문에 전혀 신빙성 없는 문
서라는 입장에 변함없다."(2017년 5월 24일 기자회견)라는 기존 입장을
밀어붙였다. 또 마에카와를 향해 "지위에 연연하면서 자리에 붙어
있다."라며 인신공격까지 했다.[46]

스가와 밤낮으로 접촉하는 관방장관 담당 기자 입장에서는 그
의 답변에서 위화감을 느끼는 동시에, 스가는 어떤 질문을 해도 어
차피 답변을 바꾸지 않을 것이라는 인식이 형성되었다. 심지어 "전
혀 그런 사실이 없다."라는 그의 답변은 "이제 더는 묻지 말라."라
는 신호로 여겨지기까지 했다. 이렇게 기자들 사이 좌절감이 감돌
던 그 때, 회견 취재를 시작한 사람이 바로 도쿄신문 사회부의 모치
즈키 이소코 기자였다.

모치즈키 기자는 2000년 도쿄 신문을 발행하는 주니치신문사[47]
에 입사했다. 도쿄지검 특수부를 담당하던 시절 일본 치과의사 연
맹의 불법 헌금 사건 등을 특종 보도하며 사건 취재 기자로 이름을
알렸다. 이후 일본의 무기 수출 실태 등 굵직한 사안들을 취재했으

---

46) 아사히신문이 가케학원 의혹을 뒷받침할 핵심 근거로 (가케학원 수의학부
신설이) '총리 의향'이라고 적힌 문서의 존재를 보도했으나, 스가 관방장관 등
당국은 철저 부인으로 대응했고 사안은 좀처럼 진전을 보이지 않았다. 하지만
수의학부 신설 당시 문부과학성 차관으로 재직했던 마에카와 기헤이가 문서가
존재했다고 전격 폭로하면서 스캔들의 확산에 불을 붙였다.
47) 나고야에 본사를 두고 있다.

며, 2017년 3월부터 모리토모·가케학원 문제 특별 취재팀에 합류한 상태였다.

당초 그는 사안과 직접 관련이 있는 문부과학성 등을 집중 취재 했지만 점차 "결국 문제를 은폐하는 쪽은 총리실이 아닌가."라는 생각을 하게 되었다고 한다. 총리를 취재할 마땅한 기회가 없던 터에 '괴문서 발언'의 당사자이자 유일한 언론 취재 창구인 관방장관 회견으로 시선을 돌렸던 것이다.

모치즈키 기자는 2017년 6월 6일부터 관방장관 회견에 참석했고, 같은 달 8일에는 이례적으로 23개나 되는 질문을 던졌다. 모치즈키 기자는 그날 이토 시오리[48] 준(準)강간 혐의를 받은 총리담당 기자에 대한 구속 영장 집행이 중지된 사안을 비롯해 총리실과 관련된 문제를 꼬치꼬치 캐물었다. 그리고 가장 끈질기게 파고든 사안이 바로 '총리 의향' 문서였다.

· 모치즈키 기자 : 출처 불명이라는 답변을 반복하고 계신데요. 현직에 있는 직원이 신변의 위험을 무릅쓰고 고발했다고 생각 합니다. 게다가 한 명도 아니고 여러 명이 나섰습니다. 만약 누군가 실명으로 고발한다면 적절한 조치를 해줄 겁니까? 그리고 그 분을 공익제보자 보호 원칙에 따라 제대로 보호하고, 그

---

48) 일본 '미투'의 상징인 프리랜서 저널리스트. 자신을 성폭행한 유명 방송기자를 상대로 한 민사소송에서 승소했다. 가해자인 야마구치 노리유키 전 TBS 기자는 아베 전 총리와 친분이 깊은 것으로 전해졌다.

분의 의견을 들어주실 수 있나요?

· 스가 관방장관 : 가정적 질문에는 대답을 삼가하고 싶습니다만, 어쨌든 문부과학성에서 그 부분을 판단할 것이라고 생각합니다.

· 모치즈키 기자 : 가정적 질문이 아닙니다. (정부는) 출처 불명이라 알아볼 수 없다는 답변을 반복하고 있는데요. 출처를 분명히 해서, 직원 누군가가 "이 메일(문서)은 존재한다."라고 고발했을 경우, 그 사람의 말을 바탕으로 제대로 조사를 해주실지 안 해주실 지의 문제입니다만.

· 스가 관방장관 : 그러니까, 가정에 대한 대답은 삼가하고 싶다고 생각합니다만, 그렇게 한 것을 지금, 말씀드리고 있는 것이기 때문에, 문부과학성이 그 부분은 판단을 하면… 그렇게 밖에 되지 않을까요?

· 관저 보도실장 : (모치즈키에게) 같은 취지의 질문은 삼가 주시기 바랍니다.

· 모치즈키 기자 : 어떤 질문 말씀이신가요? 죄송합니다.

· 관저 보도실장 : 같은 취지의 질문을 반복하지 말아 주셨으면 합니다. 부탁드립니다.

· 모치즈키 기자 : 제대로 된 답변을 받았다고 생각하지 않기 때문에, 반복해서 물어보는 겁니다.

스가를 정점으로 형성됐던 '이 이상 물어봤자 답변하지 않는다'는 자조 섞인 분위기는 모치즈키 기자의 등장으로 깨졌다. "제대로 답변했다고 생각하지 않기 때문에 반복해서 물어보는 겁니다."라는 모치즈키 기자의 언급이 그런 변화의 상징이었다.

스가는 평소 회견이 끝나면 회견장 구석의 작은 방에서 담당 기자들을 상대로 '오프더 레코드' 대화에 응해왔다. 공개적으로 밝히기는 어려운 부분을 비롯해 회견 내용을 보충하기 위한 자리였다. 하지만 당시 회견에서 40분 가까이 추궁당한 것에 위기감을 느낀 스가는 그날 회견 이후 아베 신조 총리의 집무실로 직행했다.

스가가 모치즈키 기자와 문답하는 모습은 그날 밤 TV아사히나 TBS의 보도 프로그램에서도 방영되었다. 정부는 이튿날인 9일, 지금까지 존재를 부정했던 '총리 의향' 문서를 재조사하겠다는 방침을 발표했다. 사실상 문서의 존재를 인정하는 쪽으로 입장을 튼 것이다. "괴문서 따위는 없다."라는 거짓말로 사실을 무마하려던 총리실의 시도는 결국 실패했다. 이는 정부의 의혹을 추궁하는 야당의 노력이 부족하다고 기사로 꼬집으면서도, 정작 자신들은 파헤치는 역할을 제대로 해내지 못하는 '모순'을 겪어온 다른 정치부 기자들의 패배이기도 했다.

인질이 된 오프 더 레코드 취재

모치즈키가 회견에 참석해 질문한 직후 결국 가케학원 의혹 관련 문제의 문서가 등장했다. 질문 하나하나가 너무 길면 회견에 지장이 있다면서 모치즈키에게 쓴 소리를 한 기자도 있었지만, "한 방먹었다. 이런 방식이 있었나."라며 그의 집요한 취재 방식에 자극을 받은 기자들도 있었다.

모치즈키에게 뼈아픈 패배를 맛본 총리실은 이내 반격했다. 모치즈키의 질문이 계속된 날이면 스가 장관이 기자회견 이후의 오프 더 레코드 취재에 응하지 않는다거나, 때로는 자리를 마련하더라도 모치즈키의 질문에 대한 불만만 잔뜩 표출했다. 즉 오프 더 레코드 취재를 '인질'로 잡고 '계속하고 싶다면 모치즈키를 어떻게 좀 하라'며 담당 기자들을 압박해 언론사 간 분열을 일으키려 했다. 모치즈키라는 '외부 인사'가 침입해 자신들의 취재 현장이 혼란스러워졌다고 느끼기 쉬운 기자들의 심리를 이용한 견제였다.

나아가 스가는 모치즈키 기자의 질문이 이상하다는 '딱지'를 붙였다. "사실에 근거해 질문을 해 달라.", "주관적 질문에는 대답하지 않는다."라는 식으로 질문자를 공격했다. 당시 가케학원의 수의대 신설 문제에 대한 아베 총리의 언행 불일치를 추궁했던 2017년 6월 28일의 기자회견 문답을 보자.

· 모치즈키 기자 : 어제 다케시타 와타루(竹下亘)[49] 국회대책위원장(자유민주당)이 "아베 총리가 가케 학원 문제에 대해 추궁당하기 싫어한다."면서 국회 회기 시작을 거부했다는 이야기가

---

49) NHK 기자 출신으로 제74대 총리인 다케시타 노보루(竹下登)의 이복동생. 형의 지역구에 출마해 초선 배지를 달았다. 시마네현이 지역구인 그는 '독도가 내 지역구'라는 망언을 하기도 했다.

나오고 있습니다. 진지하게 대응하겠다는 총리 기자회견에서 의 언급과 완전히 배치되는데, 정부는 왜 아베 총리 측에서 이런 발언이 나왔다고 생각합니까?

· 스가 관방장관 : 총리가 그런 발언을 했다는 겁니까? 사실관계를 명확히 한 이후 질문을 해줬으면 좋겠습니다.

· 모치즈키 기자 : 다케시타 위원장이 민진당[50]의 야마이 가즈노리 국회대책위원장에게 국회 회기를 시작하지 않는 이유에 대해 말하면서 "아베 총리가 가케학원 문제에 대해 추궁당하는 것을 꺼려하고 있다."라고 언급했다는 보도가 있었습니다. 회견에서 총리가 진지하게 대응하겠다고 의지를 밝힌 것과는 모순된다고 생각하는데, 정부는 이 차이를 어떻게 생각하십니까?

· 스가 관방장관 : 그러니까 사실 여부를 우선 확인한 다음에 질문해 주세요.

· 모치즈키 기자 : 아베 총리에게 이런 발언을 했는지 확인할 필요가 있다는 의미군요.

· 스가 관방장관 : 아베 총리가 아니라, 그런 말을 들은 사람에게 확인해야 하지 않겠습니까? 확실한 근거를 가지고 질문해 주시기 바랍니다.

관방장관의 이런 대응은 주변으로도 확산했다. "오늘 질문은 지

---

50) 중도좌파 성향의 일본 야당. 현재는 입헌민주당 · 국민민주당 등으로 개편.

금까지 했던 것 중에서 가장 길었던 것 같다."는 반응이 이어졌다. 41분에 걸친 기자회견을 마친 날도, 관방장관 담당 기자들이 나눈 화제의 중심은 모치즈키의 질문이었다. "야마이라고 말했지."라면서 웃는 소리가 복도에서 들려오기도 했다. 모치즈키가 민진당의 '야마노이' 가즈노리(山井和則) 위원장을 '야마이' 위원장으로 잘못 부른 점을 흉본 것이다.[51]

그의 질문은 왜 오해를 받았나

그렇다면 모치즈키의 질문은 정말 스가 관방장관의 말처럼 근거가 약한 것이었을까? 대답은 "그렇지 않다."이다. 실제 야마노이는 국회대책위원장 회담 이후 카메라 앞에서 "다케시타 위원장으로부터 '아베 총리가 역시나 가케학원 문제에 대해 추궁당하는 것을 굉장히 싫어하는 것 같다.'는 얘기를 들었다."라고 분명히 말했다.

그렇다면 왜 모치즈키의 질문은 오해를 사기 쉬웠을까. 정부나 각 당의 간부 발언을 기록한 메모를 입수할 수 있는 정치부 소속 기자라면 그 메모를 바탕으로 "민진당의 야마노이 국회대책 위원장이 뭐라뭐라 말했다."라고 그 자리에서 되받아칠 수 있었을 것이다.

---

51) 일본어에서는 하나의 한자를 다양하게 읽을 수 있으며 특히 이름을 만들 때는 발음을 자의적으로 정하기도 한다. 이 때문에 한자만으로는 정확하게 이름을 읽기가 어려운데 '山井'라는 성은 한자만 봐서는 야마이로 읽기 쉽다.

하지만 사회부 소속이라 정치부 담당 영역의 취재에는 직접 참여하지 못하는 모치즈키는 야당 간부 발언의 메모가 없다는 핸디캡이 있었다. 그래서 "보도에 나와 있다."라는 식으로 사안을 우회적으로 언급했고, 그 때문에 직접적으로는 사실관계를 모른다는 인상을 주게 되었다.

이토 시오리에 대한 준 강간 의혹은 주간지에 보도가 먼저 나왔기 때문에 모치즈키는 주간지 보도 내용을 토대로 질문하기도 했다. 그는 국회 답변 대상에서 제외돼 공개적 취재 기회가 없는 총리 보좌관이나 비서관들에 얽힌 다양한 정보를 입수하고 있었는데, 그 이면을 취재하기 위해 회견에서 스가 장관을 직접 추궁하기도 했다. 이는 근거가 확실히 있는 사실에 대해 정부의 견해를 묻는 경향이 강한 정치부 기자들 사이 모치즈키에 대한 위화감이 확산된 요인의 하나였다.

여기에 총리실이 모치즈키의 질문에 붙인 "사실에 근거하지 않는다."라거나 "질문이 길다."라는 꼬리표가 힘을 갖게 된 배경에는 한 언론사가 있었다.

산케이신문의 질문서

어느 날 도쿄신문에 산케이신문이 보낸 질의서가 도착했다. 질의서의 내용은 다음과 같았다.

· 모치즈키 기자의 질문에 대해 스가는 "주관적인 질문에는 대

답하지 않는다."라고 답하고 있는데 모치즈키 기자는 자신이 주관에 근거한 질문을 하고 있다는 인식이 있는지.
- 기자 회견의 진행자로부터 "질문은 간결하게 부탁합니다.", "같은 취지 재질문은 삼가주세요."라는 주의를 받는데 개선의 필요성에 대해 어떻게 생각하는가.
- 관방장관 기자 회견에 어떤 자세로 임하고 있으며 앞으로의 방침은.

질의서의 내용은 그동안 총리실이 지적해온 것과 사실상 같았다. 도쿄신문은 편집국 명의로 다음과 같이 답변했다.

- 관계자를 취재한 것과 관련 자료 등을 기초로 질문하고 있다.
- 질문에 대해 명확한 대답을 듣지 못한 경우 반복해 질문할 수도 있다.
- 국민이 의문을 느끼는 점에 대해 솔직하게 듣고 싶다는 생각으로 기자 회견에 임하고 있다.

산케이신문은 2017년 7월 18일 디지털판에 도쿄신문의 답변을 담은 기사를 게재했다. 제목은 「관방장관 기자회견이 어지러워진다! 도쿄신문 사회부 기자의 야당 의원 같은 질문」이었다. 기사의 첫 단락은 이랬다.

"아베 신조 정권의 대변인이자 일본 정부 대변인인 스가 요시히데 관방장관의 기자회견이 도쿄신문 사회부 기자의 참전으로 분위기가 확 바뀌었다. 기자가 억측을 담은 질문을 하거나 질문을 끝없이 이어서 하기 때문이다."

기사에서는 적의가 느껴졌다. 본문에는 "회견장에는 관방장관을 전담하는 기자를 비롯해 많은 기자들이 모여 있고, 관방장관 담당 기자가 자사를 대표해 질문하는 것이 일반적이다. 담당 기자의 주된 업무는 그날 아침까지 나온 뉴스를 훑어보고 정부의 견해를 듣기 위한 질문을 생각해 보는 것이다.

회견에서 질의한 것은 기록에 남기 때문에 질문할 때는 내용에 사실을 오인한 것이 없는지 꼼꼼히 체크해 회견에 임한다. 회견 후 마감 시간에 맞춰 기사를 쓰기 위해 질문은 간결하게 정리해 최소한으로 하는 것이 각 언론사 관방장관 담당 기자 사이에서는 대전제로 통한다."라고 쓰여 있었다.

기사에는 관방장관 담당 기자로서의 자부심도 드러났다. 그러면서 "모치즈키 기자의 특징은 하나의 질문이 길다는 것이다. 또 질문에 출처가 확인되지 않은 내용이나 개인 견해가 많이 포함된 경우가 많아 결국 똑같은 질문을 반복해 듣게 되는 경우가 많다."라고 지적했다. 이어 "정부의 공식 견해를 묻는 자리에 끝없이 질문을 퍼붓는 자세가 과연 어떠한가."라고 비판했다.

처음에는 모치즈키의 실명은 거론하지 않았다. 산케이신문은 2017년 6월 28일 기사에 「스가 요시히데 관방장관, 도쿄신문 기자에게 "사실인지 확인하고 질문해 달라." 쓴소리」라는 제목으로 보도했다. 그러다가 7월 18일 보도부터는 '모치즈키 기자'의 실명을 보도하면서, 그를 문제시하는 정부 측과 논조를 같이 하는 기사를 양산하기 시작했다. 그리고 이런 분위기는 인터넷에서 아베 지지층을 중심으로 점차 확산했다. 결국 "질문이 길다."라거나 "사실을 오인하고 있다."라는 이미지가 굳어져 갔다.

산케이신문의 관방장관 담당 기자가 어떤 경위로 "관방장관의 기자회견이 어지러워진다!"라는 취지의 기사를 쓰게 되었는지 나는 모른다. 나도 관방장관 담당으로 2011년 9월부터 2012년 12월까지 1년 4개월 동안 근무한 적이 있다. 관방장관 담당 기자는 정치부의 현장 기자로, 이 출입처는 1~2순위를 다투는 중요한 곳이다.

관방장관과 그를 보좌하는 비서관에게는 미일정상회담, 소비세 인상 등 국내외의 중요한 정책 결정에서부터 일본은행 총재·각료 등의 인사, 중의원 해산 등 다양한 정보가 모인다. 그렇기에 관방장관 담당 기자는 정치 분야의 대형 뉴스를 책임지면서, 동시에 다른 언론사가 먼저 특종 보도를 하면 기사 내용이 맞는지 확인을 해야 한다.

가치가 있는 뉴스라면 한발 늦더라도 제대로 보도해야 하기 때문이다. 그런 상황에 사실 확인을 못한다면 결과적으로 자사의 지면에 '오점'을 남기게 되고 출입 기자로서 나쁜 평가를 받게 된다.

실제 관방장관 담당 기자는 보통 아침부터 밤까지 일한다. 휴일도 반납하고 관방장관을 따라다닌다. 단독 취재 거리를 찾기 위해 기자들이 매일같이 격전을 벌이는 것이다. 특히 여러 권한이 총리 관저에 집중된 아베 정권에서, 그 핵심이라 할 수 있는 스가 관방장관을 담당하는 기자의 고생은 상상하기 어렵지 않다.

하지만 관방장관 회견은 담당 기자가 각 사를 대표해 질문하는 것이 관례라는 산케이신문 기자의 주장이 그다지 정확한 것은 아니다. 관방장관 기자회견은 내각기자회에 가입된 보도 기관이라면 기자회에 상주하지 않는 기자도 자유롭게 질의에 참가할 수 있다. 관방장관 담당 기자에만 질의 기회가 국한된 것도 아니다. 후쿠시마 제1원전 사고 당시는 각 사의 과학 담당 기자도 질의에 참가했다. 과거 관방장관 회견에서는 맨 앞줄의 담당 기자 이외에 다른 기자들이 질문하는 경우도 적지 않았다.

내가 정치부에 배치된 2008년은 후쿠다 내각으로 마치무라 노부타카(町村信孝)가 관방장관이던 시절이었는데, 정치부 신입 기자였던 내가 갑자기 뒷자리에서 질문을 해도 마치무라는 다른 담당 기자가 질문할 때와 마찬가지로 답변했다. 이런 자유로운 질의 분위기는 2012년 12월까지 이어졌다.

그런데 내가 2년 반 가량의 오사카지국 근무를 마치고 다시 정치부로 돌아오자 관방장관 회견에서 질의는 담당 기자에 한정되었고, 다른 기자들은 질의응답 내용을 노트북에 입력하는 것에 집중하는 상황으로 변해 있었다. 오사카지국에서 근무할 때 하시모토 도오루(橋下徹) 당시 오사카 시장과는 시간 제한 없는 밀착취재를 할 수 있었는데, 다시 도쿄로 돌아와 보니 일본 정치의 '심장부'에서 이뤄지는 취재가 이렇게 '온건하다'는 점에 새삼 놀랐다.

모리토모·가케학원 문제가 불거지면서 모치즈키 기자가 관방장관 회견에 본격 참가하기 시작한 2017년에 나는 국회 심의 취재를 담당하고 있었다. 당시 사가와 노부토시(佐川宣寿) 재무성 이재국장[52] 등이 국회에 출석한 자리에서 비정상적인 답변을 해, 화가 났던 기억이 있다. 그러던 어느 날 나는 관저 기자회가 작성하는 관방장관 회견 메모를 보고 의구심을 갖게 되었다. 관저 담당 기자를 중심으로 관방장관을 추궁하는 것이 일반적인데, 모치즈키 기자의 독무대가 되어가고 있었기 때문이다.

6월 18일 국회가 폐회하고 관련 기사도 마무리했던 터라 나는 아사히신문 관저 담당 기자에게 미리 양해를 구하고 6월 22일부터 관방장관 회견에 참석했다. 참가해서 보니 이전의 관방장관 회견 운용 방식과 큰 차이가 나서 놀랐다. 질문 하나를 할 때마다 회사명과 이름을 말해야 하는 것이었다. 나는 이 날 가케학원 관련 의혹에 연루된 하기우다 고이치(萩生田光一)[53] 당시 관방 부장관이 내각 인사국장으로 부처 인사를 하는 것이 과연 적절한지 관저의 입장을 물었는데, 이미 서로의 얼굴과 이름을 알고 있는 열 번째 질문에서도 '관등성명'을 대야했다.

· 기자 : 간부 인사의…
· 보도실장 : 회사명과 성함을 말씀해 주시기 바랍니다.
· 기자 : 간부인사 평가 기준에는…

---

52) 재무성의 한 파트로 국채, 재정투융자, 국유재산 관리 등의 업무를 담당하는 핵심 부서.
53) 극우 성향의 정치인으로 기시다 후미오 내각에서 경제산업상에 임명됐다.

· 보도실장 : 사명과 성함을 말씀해 주시기 바랍니다.

· 기자 : '설명 책임'이라는 것도 평가 항목에 들어가 있을 것 같은데요.

· 보도실장 : 질문하실 때마다 회사명과 성명을 말씀해 주시기 바랍니다.

· 기자 : 아사히신문의 미나미입니다. 이번에 국회에서 논의된 여러 문제와 관련해 정부가 설명할 책임을 추궁당하는 것을 관방장관도 알고 있으리라 생각합니다. 이번 인사에는 어디에 중점을 둬서 국민의 의문을 해소할 생각이십니까?

· 스가 관방장관 : 인사의 기본적 가이드라인이 있으니 거기에 토대를 둬서 담담하게 해나가면 되는 것이라고 생각합니다.

· 기자 : 하나만 더 질문 드립니다. 아사히신문의 미나미입니다. 관방장관께서는 국민이 정부의 일련의 설명에 대해 의구심을 갖고 있다는 점을, 또 (정부가) 인사권자로서 공평성을 왜곡한다는 의문을 갖고 있다는 점을 인식하고 있습니까?

· 관방장관 : 여러 의견이 있는 것은 알고 있습니다만, 저는 공평하게, 당당하게, 객관적인 판단에 따라 일할 것입니다.

총 11개 질문이 나왔는데 진행을 맡은 보도실장이 여섯 차례나 회사명과 성명을 대라고 요구했다. 과거에도 첫 질문을 하면서 회사명과 자신의 이름을 밝히기는 했지만 그 다음부터는 그걸 요구하지 않았다. 굳이 이렇게 철저히 '관등성명'을 대라고 요구하는 것은 매번 회사명과 성명을 말하게 되면 문답을 주고받는 흐름이 끊어지고, 재차 질문하는 것을 자기도 모르게 꺼리게 되는 심리적 효과를 노렸을 것이라고 생각한다. 이런 관행을 고착시키는 것은 좋지 않다는 생각에, 아랑곳하지 않고 질문을 하려 시도했지만 매번 이름을 다시 밝힐 때까지 보도실장은 끈질기게 질문을 방해했다. 이상한 압박감을 느꼈지만 어쩔 수 없이 회사명과 이름을 댈 수밖에 없었다.

이날 기자회견에 모치즈키 기자는 없었지만, 이후 연락처를 구해 그에게 문자를 보냈다. "최근 관방장관 회견을 보고 있으면 스가는 '억측에는 대답하지 않는다.'는 평계를 생각해 낸 것 같습니다. 하지만 신경 쓸 필요가 없다고 생각합니다. 정부가 사실과 마주하는 날까지 서로 힘냅시다."라는 내용이었다. 서로 면식은 없었지만 나는 그를 응원하고 싶었다. 스가의 기자회견에서 '문제 있는 기자'라는 딱지를 붙여 모치즈키 기자를 고립시키려는 분위기를 느꼈기 때문이다.

트럼프와 같네

얼마 지나지 않아 나는 모치즈키 기자와 회견에서 함께 질문하는 기회가 있었다. 영자신문인 저팬타임스의 베테랑 기자인 요시다 레이지(吉田玲滋)까지 합세해 우리 3명은 각각의 입장에서 스가 관방장관에게 의심스러운 지점을 따져 물었다. 외신도 동참했다. 미국에 있던 뉴욕타임스의 전 도쿄 지국장 마틴 패클러[54]가 화상전화를 활용해 여러 질문을 쏟아냈다. "주관적 질문에는 대답하지 않겠다는 답변이 빈번한 데 대해 어떻게 생각하십니까?", "스가 씨가 '주관적'이라고 말하는 것은 도널드 트럼프가 '가짜 뉴스(fake news)'라고 외치는 것과 똑같습니다. '정권에 반대하는 야당'이라는 식으로 공격하면서 언론인의 존재 자체를 부정하려고 합니다."

"기록에 없다.", "기억에 없다."라고 주장하며 추궁하는 쪽을 포기하게 하려 했던 총리실은 사실상 답변을 거부하는 방식을 고수했다. 이 과정에서 심지어 "이곳은 질문에 답하는 장소가 아니다."라는 대변인으로 해야 할 역할까지 부인하는 발언이 나왔다. "대답하지 않으면 어차피 기사가 안 된다."라고 판단하고, 질문하는 기자를 고립시키려는 모습을 보면서 나는 이를 역이용해야겠다고 느꼈다. 국민이 의문스러워 하는 점을 회견장에서 묻는데, 여기에 제대로 답하지 않으려는 정부의 모습을 부각시킬 필요가 있다고 판단했다.

2017년 8월 8일 기자회견에서 가케학원 문제와 관련하여 국가전략특구 워킹그룹 의사록의 공개가 이뤄져야 함에도 정부가 이를 계속 거부하는 가운데, 나는 스가 관방장관에게 질문했다.

"역대 보수 정치가들은 역사의 검증을 받기 위해 그동안 공문서

---

54) 20년 이상 일본에 대해 취재한 전문기자로 「벼랑 끝에 선 국가, 일본의 결단」 등의 저서를 썼다.

관리에 공을 들였습니다. 어느 정치인은 '정부가 모든 기록을 상세하게 남기는 것은 당연하며 의사록은 가장 기본적인 자료다. 기록 작성을 태만히 하는 건 국민에 대한 배신이다'라고도 했습니다. 책에 이렇게 쓴 정치인이 누군지 알고 있습니까?"

난처한 질문에 제대로 대답하지 않는 스가에게 나는 사실을 알려줬다.

"(스가) 관방장관 본인의 책에 그렇게 적혀 있습니다. 2012년에 책에 쓴 그 견해와 지금 정부의 상황을 보면 부끄럽다는 생각이 들지 않습니까?"

스가는 자민당이 야당이던 시절인 2012년 3월에 낸 『정치인의 각오』라는 책에서 동일본대지진 당시 정부 회의에서 회의록을 제대로 남기지 않았던 문제를 언급하며 "천 년에 한 번 있을 대재난으로 불리는 동일본대지진을 정부(당시 민주당 정권)가 어떻게 생각하고 어떻게 대응했는지 검증하고 교훈을 얻기 위해 정부가 모든 관련 기록을 남기는 것은 당연하다. 그리고 의사록은 가장 기본적인 자료다. 그것의 작성을 게을리 함은 국민에 대한 배신이다. 역사적 위기에 대처하는 것에 대한 민주당 정권의 의식 부족, 국가를 운영하고 있다는 책임감 부족이 여실히 드러난다."라고 썼다.
이렇게 이뤄진 회견에서의 문답을 「자기 책의 주장도 기억에 없다? 스가 관방장관 "모른다"」라는 기사로 정리해 인터넷 기사로 출고했더니 페이스북에서 1만 번 이상 공유되었다. 그랬더니 오봉[55] 연휴 전 마지막 회견이었던 2017년 8월 10일 회견 뒤 산케이신문이 「도쿄신문 기자에 아사히신문 기자가 가세 / 스가 관방장관에게 같은 취지 질문공세 / 기자회견 시간 절반을 낭비」라는 디지털 판 기사를 내보냈다.

나는 이 날 기자회견에서 "여기는 질문에 대답하는 장소가 아니다."라는 스가의 기자회견을 모독하는 발언의 진의를 캐물었다. 그런데 산케이는 스가의 실언에 대해서는 따지지 않고, 질문자를 일방적으로 폄하하는 기사를 내보낸 것이다.

그리고 8월 14일 BS후지[56]의 프라임 뉴스에서 "인터넷 세상에서 '안정(安定)의 가-스-'로 불리는 것을 알고 있나"라는 시청자 질문에 스가 장관은 "지금은 불안정(不安定)합니다. 하하하"라며 자학 개그로 응수했다. 그동안 어떤 질문에도 철벽을 친다고 해서 '철벽의 가스'로 불려 왔지만, '괴문서' 발언 이후 회견 대응에 계속 실패해 초조해진 스가는 관방장관 담당기자 간담회 등을 멀리하게 되었다.

이제까지 허용했던 엘리베이터 동승 취재도 거부하고 오프 더 레코드 취재를 볼모로 기자회를 압박했다. 그리고 비슷한 무렵, "모치즈키와 미나미는 스가가 관방장관을 그만둘 때까지 계속할 생각이다. 너희들 10년차 정치부 기자는 대체 뭘 하고 있는 건가?"라는 총

---

55) 한국의 백중이나 추석과 비슷하다.
56) 일본 민영방송국 후지TV 계열의 위성방송 채널

리 측근의 발언이 전해졌다. 기자회 소속 기자들에게 총리 관저와 합세해 '이물질'을 몰아내라는 요구였다.

규칙 변경

오봉 연휴가 끝난 뒤 열린 8월 31일 회견에서 스가에게 집요하게 질문해온 모치즈키 기자는 질문을 하려 다시 손을 들었다. 하지만 스가는 아랑곳하지 않고 회견장을 빠져나갔다. 내가 2008년 후쿠다 내각 이래, 자민당과 민주당 정권 동안 500회 이상 참석해온 관방장관 회견에서 처음 보는 광경이었다. 이튿날에는 총리관저 보도실이 도쿄신문으로 항의문을 보냈다. 항의문은 '국민에게 오해를 불러일으키는 사태는 결코 허용할 수 없다'는 내용이었다. 문제를 삼은 것은 가케학원 문제 관련 8월 25일 기자 회견에서 오간 질의응답이었다.

· 모치즈키 기자 : 가케학원이 이마바리시에 낸 설계도가 공개되긴 했지만, 생물안전관리[57]를 할 수 있도록 설계된 것인지 의문이라는 지적이 있습니다. 단가 자체도 통상 단가의 두 배라는 전문가 지적이 나왔습니다. 결국 학교 인가를 보류한다

---

57) 바이오 시큐리티, 농장 안으로 질병 유입과 확산을 방지하기 위해 수행되는 방역.

는 결정이 나왔는데요. 정말로 특구 워킹그룹, 내각부가 학원의 실태를 확실히 조사한 것인지. 정부의 견해를 말씀해주십시오.

· 스가 관방장관 : 어쨌거나 학부 설치 및 인가 결정에 대해선 지난해 11월과 올해 4월에 문부과학대신(장관)이 대학설치·학교법인 심의회에 자문했습니다. 곧 답변을 받을 수 있으리라 듣기도 했고, 지금 단계에서 대답할 것은 아니라고 생각합니다. 심의회는 전문적인 관점에서 공평·공정하게 심사하고 있다고 생각합니다.

총리관저는 항의문에서 모치즈키 기자의 질문 내용 가운데 '학교 인가 보류 결정이 내려졌다'는 부분이 '국민의 오해를 낳는다.'고 주장했다. 하지만 인가 보류는 당시 공식 발표된 것은 아니었지만, 이미 8월 9일 문부 과학성의 대학설치·학교법인 심의회에서 방침이 정해져 각 언론사가 관련 보도를 했던 주지의 사실이었다. 실제 8월 25일 오후에는, 보류됐다고 문부과학성이 정식 발표까지 했다.

결과적으로 오후에 공식 발표가 나왔는데, 이를 (사실로 전제하고) 오전에 질문했다고 문제를 삼은 것이었다. 하지만 몇 시간 후 '보류' 발표를 하기로 정해져 있던 만큼 '곧 답신을 받을 수 있을 것'이라는 스가의 답변이 오히려 사실과 다른 것이다.

그에 며칠 앞서 문부과학성과 담당 기자회가 해당 '인가 보류' 결정을 25일까지 엠바고[58]로 하기로 했음을 몰랐던 모치즈키 기자가 공식 기자회견에서 이를 언급한 것이 실수라는 지적도 있기는 하다. 하지만 그것은 문부과학성과 담당 기자회, 도쿄신문 사이에 논의하면 되는 것으로, 총리실이 직접 나서 항의할 문제는 아니다. 또 모치즈키 기자가 사전에 일부 매체에서 보도된 내용의 범위 내에서 질문을 했다고 볼 수도 있다. 무엇보다 항의문의 '국민의 오해를 낳는다'는 표현은 상식을 벗어난 것이다. 이는 아마 모치즈키 기자에게 '문제 기자'라는 이미지를 덧씌우려는 의도였을 것이다.

관저는 모치즈키 기자를 본보기로 삼아 본때를 보여주겠다는 듯 내각 기자회에 가입한 언론사에 이런 내용을 담은 보도 자료를 배포했다. 산케이신문은 9월 1일 밤 「총리관저 홍보실, 스가 장관 회견의 사회부 기자 질문 관련 도쿄신문에 '주의' 주다/ 스가 관방장관 기자회견의 사회부 기자 질문 관련」라는 기사를 내보냈다. 기사 말미에는 '아직 확정되지 않은 사실이나 단순 추측에 근거한 질의응답으로 국민의 오해를 불러일으키는 사태는 절대 허용되지 않는다'며 '재발 방지를 강력히 요구했다'는 총리실 측의 과장 섞인 표

---

58) 일정 시점까지 어떤 사안에 대해 한시적으로 보도를 하지 않는 것. 보통 보안이 필요한 사안인 경우 기관이 기자단에 요청, 합의를 통해 엠바고를 정하게 된다. 예를 들어 자국인이 해외에서 납치돼 협상이 진행되는 상황에 무분별한 보도가 이뤄지면 협상에 차질을 빚는다고 판단될 경우, 구조 시점까지 사안의 엠바고가 이뤄질 수 있다. 현실적으로 엠바고를 합의한 시점까지 나온 기존의 모든 기사나 기자단에 속하지 않은 매체의 보도까지 규율할 수는 없는 만큼 "기존에 보도된 내용까지만 보도한다."라는 식의 조건이 붙고는 한다.

현을 그대로 담았다.

이런 가운데 9월 4일 밤 도쿄신문에 중년 남성으로 추측되는 인물의 협박 전화가 걸려왔다. "인터넷 뉴스에 나온 기자들은 왜 정부의 말을 따르지 않는가. 죽여버리겠다."라는 살해 예고였다. 9월 8일에는 프리랜서 기자도 참여할 수 있는 금요일 오후 기자회견에서 IWJ[59]에서 일하는 유명 언론인 이와카미 야스미(岩上安身)가 스가에게 따져물었다.

· 이와카미 : 도쿄신문 본사에 전화로 모치즈키 기자 살해 예고 전화가 걸려왔습니다. 이는 명백한 협박, 테러 예고이자 살인 예고였습니다. '관방장관 회견에서'라든가, '정부가 규제하고 있는데'라는 등의 말을 했습니다. 그는 모치즈키 기자가 정부를 따르지 않는다는 것에 대해 매우 불만을 가지고 있었고 "죽여버리겠다."라고 되뇌었다 합니다. 언론사에 대한 협박, 그리고 살해 예고는 과거 아사히신문 한신지국 습격사건[60]을 연상시키는 일입니다. 관방장관이 정부의 입장으로서 이런 일은 절대로 있어서는 안 된다는 메시지를 발표해 주셨으면 합니다만, 어떻게 생각하십니까?

---

59) 인디펜던트 웹 저널의 약자로 일본의 웹진이다.
60) 1987년 5월 3일 아사히신문 한신지국에서 일어난 총기 습격 사건. 인권 문제에 관심이 많던 기자 한 명이 총에 맞아 숨졌다. 범인은 모든 아사히신문 사원을 사형에 처하고, 반일 분자에게는 극형만이 있을 뿐이라는 취지의 메시지를 다른 언론사에 보내기도 했다. 범인이 아직 잡히지 않아 사건은 미해결된 상태다.

- 스가 : 그건 당연한 일이 아닐까요?
- 이와카미 : '당연'이라고 하는 것은, 어떤 의미일까요.
- 스가 : 그런 일은 있어서는 안 된다, 우리나라에 있어서. 그것
  은 당연한 일이라고 생각합니다.
- 이와카미 : 관방장관으로서 한 말씀 부탁드립니다.
- 스가 : 관방장관으로서 이것은 극히 당연한 일이고, 지금 있어
  서는 안 되는 일이니까… 그러니까 그건 이미 말씀 드렸습니
  다. 그런 일이 있으면 당연히 경찰에 신고하고 수사해야 한다,
  그렇게 생각합니다.

  평소에는 테러 등의 범죄나 협박에 대해 엄격한 어조로 말하는
스가이지만, 모치즈키 협박 사건에 대해서는 이와카미가 거듭 물어
도 분명하지 않은 대답을 내놨다.

  모치즈키의 질문 신청이 무시당했던 8월 31일. 이때 당시 모치즈
키도 나도 넓은 회견장의 뒤쪽에 있었다. 앞에서도 설명했듯 기자
회견은 간사 매체 기자의 "이제 다 됐습니까."라는 말과, 보도실장
의 "감사합니다."라는 두 문장이 세트로 나올 때 끝난다. 그래서 이
날 맨 앞자리에 앉아 있는 간사 매체 기자가 모치즈키가 손을 드는
것을 놓쳤을지도 모른다고 생각했다. 하지만 9월 초 모치즈키로부
터 "질의를 위해 손을 들었는데도 회견을 끝내고 있다."라는 내용
의 연락이 왔다.

  모리토모학원의 가고이케 야스노리(籠池泰典) 전 이사장에 대한
수사가 끝난 다음날인 9월 12일 오전, 나는 다시 관저 기자회견장

으로 향했다. 헐값으로 학원에 매각된 국유지 매매교섭에서 재무성 담당직원이 "(학원이 희망하는 액수에) 가까운 금액까지 노력하고 있다."라고 학원 측에 전했다는, 지금까지의 정부 답변을 뒤집는 내용의 음성 녹음 자료를 특수 수사부가 입수했다는 보도가 나온 날이었다. 모리토모학원 이슈가 회견장의 주요 주제가 된 것이다.

나는 이번에는 회견장 앞쪽에 자리를 잡았다. 사회 역할을 맡은 보도실장이 보기 쉬운 위치에 진을 친 것이다. 이날 스가는 모리토모 학원 문제에 대해 "수사 중이니까 코멘트를 삼가겠다."라는 반복된 대답을 내놨다. 나는 민주당 정권 때, 스가 본인이 국회에서 수사가 진행되던 사안에 대해 설명하라고 민주당을 강하게 압박했다는 점을 지적했다.

여당이 되자 태도를 바꿨다는 의미였다. 일단 모치즈키에게 넘어갔던 질문 기회가 끝나고 내가 다시 한 번 질문을 하기 위해 손을 들었을 때, 좀처럼 스가가 나를 지명하려고 하지 않아, "저기요, 죄송합니다."라고 목소리를 높였다.

회견장에 있는 대부분의 사람들이 내가 질문하려는 것을 알아챘다. 스가와 보도실장, 간사 매체 기자가 서로 얼굴을 마주보았다. 하지만 스가는 "(이제) 괜찮지요?"라며 간사 매체의 기자에게 회견을 끝내라는 재촉을 했다. 기자가 마지못해 "알겠습니다."라고 답하자 보도실장이 "네. 감사합니다."라며 회견 종료를 선언했다. 명확한 '의도'가 담긴 마무리였다. 기자회견이 불과 15분 지난 시점이었다. 왜 회견은 금방 중단됐던 것일까.

바로 오봉 연휴 기간에 새로운 규칙이 마련됐기 때문이었다. 새로운 규칙에 따라 회견 후 '공무가 있을 경우'에는 관저 보도실장이 판단해 "앞으로 1~2개 질문만 더 받겠다."라는 말과 함께 마무리할 수 있다는 규정이 생긴 것이다. 보도실장은 그래서 나의 질문에 앞선 모치즈키 기자의 질문 뒤에 "일정이 있기 때문에 앞으로 몇 개만 더 받겠습니다.", "앞으로 질문은 1개만 더 부탁합니다."라고 말했던 것이다. 하지만 기자회견은 관방장관의 중요한 공무이며, 국회 심의나 궁중 행사가 있을 때 이외에는 질문 수를 제한하지는 않았다.

12일 저녁 기자회견에서도 같은 상황이 이어졌다. 모치즈키 기자가 "오전 회견에서 아사히신문 기자가 모리토모 의혹에 대해 따져 묻던 중 회견이 중단되었다. 스가 장관 측이 기자회에 '앞으로 질문 몇 개', '앞으로 몇 명'과 같이 정해도 좋을지 문의했다고 들었는데 사실입니까?"라고 추궁했지만, 스가는 "그런 일은 전혀 없습니다. 대답할 필요도 없는 일이라고 생각합니다."라고 얼버무렸다.

하지만 새 규정은 관저 측이 기자회에 제안해 도입된 것이었다. 기자회는 시간제한을 받아들일 수 없다는 입장을 밝혔지만, 결과적으로 (각 언론사의) 관방장관 담당 기자가 질문할 때는 이 규칙이 적용되지 않다가, 담당 기자가 아닌 모치즈키 기자의 질문이 시작되면 '앞으로 질문 두 개, 앞으로 질문 한 개'라는 식의 공지가 나오는 패턴으로 굳어진 것이다. 기자회도 사실 좋아서 이를 받아들인 것이 아니라 "기자회견이 길어진다는 이유로 회견 자체가 없어지면 곤란하다."라는 위기감을 느꼈던 것으로 보인다.

지명권과 시간제한이 세트로

정부 답변에 대한 의문이 쌓이고 있는데도 마땅히 물어야 할 것을 물을 수 없는 상황이었다. 나는 6년 전 기자회가 받아들인 '관례' 하나를 뼈저리게 후회했다. 노다 내각에서 관방장관을 담당했을 때이다. 회견은 진행자인 관저 보도실장이 '손을 들고 회사 이름과 자기 이름을 밝힌 뒤 질문해 달라'고 요구하는 방식으로 진행되었다. 장관 담당 경력이 있는 한 선배는 '장관에게 질문자를 선택할 권리를 주지 말고 연거푸 질문해야 한다'고 조언했다. 하지만 그때 나는 '다른 각료의 기자 회견에서도 시행되는 것이고, 애초에 시간제한 없이 손만 들면 질문에 답하니까 저 정도 요구는 받아주자. 너무 우리 회사만 튀는 것도 별로 안 좋다'는 생각에 정부 요청을 받아들였다.

그런데 아베 내각이 되니 서로 관련된 질문이라도 질문을 할 때마다 회사명과 성명을 다시 말해야 했다. 그렇지 않으면 사회자가 질문을 중간에 끊고 들어왔다. 의혹을 추궁할 때는 추가 질문이 빠질 수 없는데, 이렇게 회사 이름과 성명을 계속 말하다보면 질문의 리듬이 깨진다. 여기에 '다른 업무가 있어서 질문은 1개만 더 받겠다.'는 식으로 시간마저 제한할 수 있게 되었다. 기자 질문 지명권과 시간제한이 세트가 되면서 결과적으로 마음에 들지 않는 기자의 질문은 받아들이지 않아도 되는 셈이 되었다.

정부는 언론인의 귀감으로 주목받은 모치즈키 기자를 저지하기 위해 내각 기자회 내부에 퍼진 질투와 반감을 이용하는 방식으로

'모치즈키 봉쇄'라고 할 수 있는 규칙을 만든 것이다. 정치부 안에서도 이 규칙에 대해 논의가 있었지만 '완전히 질문 시간이 제한된 것도 아니고, 어차피 공무를 이유로 하는 것이 아니냐'며 크게 반대하지 않는 사람도 있었다.

하지만 국민의 알 권리를 보장하는 취재의 자유 · 보도의 자유는 섬세한 관례가 쌓여야만 보호받을 수 있다. 언론이 조금이라도 방심하면 권력은 이를 유명무실하게 만들기 위한 기회를 호시탐탐 노린다. 나는 2017년 10월 4일 '분슌 온라인'에 당시 상황에 경종을 울리기 위해 기고를 했다.

「시간제한 규칙은 정치부 출입기자의 질문이 얼추 끝난 후 사회자가 "공무가 있으니 협조를 해달라."라고 공지하는 게 일반적이지만, 정작 그 규칙이 적용되는 대상은 모치즈키 기자를 비롯해 소수다. 하지만 이 새로운 룰이 정착되면 '제2의 모치즈키'는 나타나지 않을 것이고, 결국 담당 기자의 질문도 중단될 날이 온다. 스가의 '대답하지 않을 권리'를 방치하지 않고 정부가 설명하는 책임을 다하도록 힘을 합치겠는가, 아니면 혹시 "질문에 답하는 자리가 아닙니다."라는 말을 듣는 기자와 자신은 다르다고 생각하는 것인가. (중략) 기자 개개인의 판단이 요구되는 때가 왔다.」

그러나 아베가 2017년 9월 26일 돌연 중의원 해산을 선언하고 고이케 유리코(小池 百合子) 도쿄도지사가 「희망의 당」을 창당하면서 일본 내 정치 이슈는 바뀌었다. 당시 아베는 중의원 해산에 따른 총선과 의회 재구성을 의식하고 있었다. 그래서 인터넷으로도 볼 수 있는 관방장관 회견에서 불편한 질문을 미리 봉쇄했던 것이다. 결국 아베 내각은 승리했고, 질문 제한 규정은 굳어졌다. 모치즈키 기자는 장관 회견에 계속 참가했지만 나는 2018년 9월 신문노조연합 중앙집행위원장으로 취임하면서 정치 취재 현장을 떠났다.

헤노코 문제로 재점화한 갈등

2019년 2월 6일 오전, 트위터에서 갑자기 검색이 늘어난 키워드가 표시되는 '트위터 트렌드' 항목에 일본신문노조연합(이하 신문노련)이 등장했다. 전날 위원장 명의로 낸 성명 "총리 관저의 질문 제한에 항의한다."라는 자료가 각 언론사에서 보도되며 주목을 받았기 때문이었다.

「2018년 12월 28일 총리 관저가 도쿄신문 소속 한 기자의 질문을 '사실 오인', '되풀이되는 문제적 행위'로 단정하고 "관방장관 기자 회견의 의의가 훼손되는 것을 우려한다", "문제의식을 공유해달라"라며 보도실장 명의로 내각 기자회에 당부한 사실이 밝혀졌다. (중략) 관저의 뜻에 맞지 않는 기자를 배제하는 것과 같은 이번 요청은 기자의 질문할 권리를 제한하고 국민의 알권리를 훼손할 수 있는 만큼 결코 용인할 수 없다. 엄중 항의한다.」

이런 성명을 낸 계기는 2019년 2월 1일 야후 뉴스에 올라온 한 편의 기사였다. 2018년 말 우에무라 히데키(上村秀紀) 총리관저 보도실장 명의 요청서가 내각 기자회에 가입한 언론사들에 왔는데, 관방장관 회견에서 특정 기자의 언동을 기자클럽 차원에서 규제해 달라는 내용이 요청서에 담겼다는 것이었다. 해당 문서는 "기자의 질문권에 조건이나 제한을 두는 것을 의도하지는 않는다."라는 변명으로 끝나지만, 결국 모치즈키의 질문을 기자클럽이 줄여달라고 요청한 셈이라는 것이 기사의 요지였다.

주말에 사실 관계를 확인하자 "12월 26일 오전 관방장관 기자회견에서 도쿄신문 특정 기자에 의한 질문 관련, 첨부 자료와 같은 사실 오인 등이 있습니다."라는 문장으로 시작하는 문서가 내각 기자회의 게시판에 붙었다. 첨부자료에는 오키나와현 나고시 헤노코의 미군 신기지 건설에 관한 모치즈키의 질문과 이에 대해 총리 측이 주장하는 '사실 관계'가 다음과 같이 기록돼 있었다.[61]

(사실관계 등)

· "오키나와 방위국이 실태 파악을 하고 있지 않다", "적법 여

---

61) 오키나와현 헤노코의 바다를 매립해 새 주일미군 기지를 건설하는 사업. 당초 2022년 완공 계획이었으나 2030년대 마무리로 사업이 지연된 상태이며, 공사비 증가와 자연환경 파괴로 주민들의 반대 목소리도 만만치 않아 여전히 논란이 계속되고 있다.

부 확인을 안 했다", "발주자인 국가가 실태 확인을 하지 않았다."라는 발언과 관련, 오키나와 방위국은 매립 공사 이전에 매립 자재가 사양서(仕樣書)에 따른 자재임을 확인했으며, 오키나와현 요청에 따라 관련 문서도 제출하고 있는 만큼 실태 파악을 하지 않았다는 것은 명백히 사실과 다르다.

· "류큐 시멘트가 현의 조사를 거부했다."라는 부분. 이 업체는 현 당국의 현장조사를 받고 있어 명백히 사실과 다르다.

· "매립 현장에 현재 적토(붉은 흙)가 펼쳐져 있다."라는 부분. 매립 구역 이외 수역에 대한 오염방지 조치를 마련한 뒤 공사를 하고 있다. 마치 현장에 적토 오염이 확산하고 있는 듯한 표현은 적절치 않다.

자료를 보면 '사실과 다르다'거나 '적절치 않다'는 등 정부 측 항의가 이어진다. 하지만 기자회견은 기자가 다양한 각도에서 질문을 던져 위정자의 견해를 따져 물음으로써 결과적으로 국민의 알 권리를 보장하는 자리다. 언론과 정부 사이에는 정보량의 압도적 차이가 있기에, 만약 기자의 질문 가운데 사실관계에 잘못이 있다면 관방장관이 기자회견장에서 잘못을 바로잡고 이해를 구하면 된다. 반면 실제 12월 26일 기자회견의 문답은 어땠을까.

· 모치즈키 : 오키나와 헤노코에 대해 묻겠습니다. 민간업자의 사양서에는 자재가 오키나와산 흑석(검은 돌)으로 되어 있는데 매립 현장에는 지금 붉은 흙이 확산하고 있다고 합니다.

- 보도실장 : 질문은 간결하게 부탁드립니다.
- 모치즈키 : 류큐시멘트는 현의 조사를 거부했고, 방위성과 오키나와 방위국은 실태 파악을 하지 못했다고 합니다. 매립이 적법하게 진행되고 있는지 확인할 수가 없습니다.
- 보도실장 : 결론을 부탁드립니다.
- 모치즈키 : 정부 차원에서 어떻게 대처할 생각인가요?
- 스가 : 법에 근거해, 확실히 진행하고 있습니다.
- 보도실장 : 이후 일정이 있으니 다음 질문을 마지막으로 해주실 것을 부탁드립니다.
- 모치즈키 : 관련해서, 적법한지 아닌지 확인하지 않았다는 말을 들었습니다만. 점토분을 포함한 붉은 흙일 가능성이…
- 보도실장 : 질문은 간결하게 부탁드립니다.
- 모치즈키 : … 지적을 받고 있음에도 불구하고 발주자인 국가가 사실 확인을 하지 않는 것은 행정 부작위[62]에 해당하는 것은 아닙니까.
- 스가 : 그렇지 않습니다.
- 모치즈키 : 그렇다면 정부는 방위국[63]에 확인을 시켜 만일 붉은 흙의 비율이 높다면…
- 보도실장 : 질문은 간결하게 부탁드립니다.
- 모치즈키 : 상황을 개선시킬 필요가 있지 않습니까.

---

62) 특정한 법률상의 의무를 행하지 않음을 의미.
63) 방위성 산하 기구로 방위성은 우리의 국방부에 해당된다.

· 스가 : 지금 대답한 대로입니다.

　스가는 이날 기자회견에서 "그렇지 않습니다.", "지금 대답한 대
로입니다."라고 대응할 뿐 모치즈키의 질문에 제대로 대답하지는
못했다. 그랬으면서 보도실장 명의로 일방적으로 항의하고, 그 내
용을 기자회에까지 전달한 것이다. 정부의 설명 자세부터 의심을
품게 했지만, 애당초 관저가 주장한 내용 가운데 '사실오인'이라고
판단한 근거도 이상했다.
　매립 공사에 사용하는 토사에 포함되는 붉은 흙(적토) 등의 함유
율에 대해 정부는 2018년 12월 6일 참의원 외교방위위원회에서
'대략 10%로 확인된다'고 설명했다. 그러나 실제로는 그 4배에 가
까운 40%였음이 이후 드러났다. 게다가 사실이 발각된 뒤 오키나
와 현이 '환경에 매우 중대한 악영향을 미칠 우려가 높다'며 현장
조사를 요구했지만, 오키나와 방위국은 응하지 않았다. 관저가 말
하는 '조사'는 문제가 드러나기 전에 일반적으로 이뤄진 조사를 의
미할 뿐이다. 또 붉은 흙이 확산되고 있다는 것은 현장 상황을 보
면 명백했다. 따라서 기자가 기자회견에서 이 질문을 한 것은 자연
스러운 일이었다. 즉 정부는 거짓 정보를 퍼뜨리면서까지 기자에게
'사실 오인' 딱지를 붙이고, 취재 행위를 제한하려 했던 것이다.
　헤노코 신기지 건설을 둘러싼 오키나와 현민 투표를 앞두고 신경
질적이 된 것인지는 모르지만, 저널리즘과 국민의 알권리를 향한
비열한 공격에 대해 해외 연구자들도 나에게 "상황이 어떻게 되어
갑니까?"라고 문의했다. 이 사태에 침묵하면 일본 언론에 대한 신

뢰가 추락한다는 위기감을 느낀 나는 2월 2일부터 트위터에 글을 올리기 시작했다.

「1년 반 전부터 "모치즈키 기자에 대한 괴롭힘을 방치하는 것은 관저 기자회 기자 자신의 목을 조르는 것이다."라고 경고해 왔는데…(중략) 정치부 출신 기자로서 정말 슬프다.」

신문노련 위원장에 취임한 지 얼마 안 된 2018년 11월 14일, 도널드 트럼프 대통령의 기자회견을 둘러싼 갈등으로 CNN 방송 기자의 기자증을 박탈한 문제[64]를 놓고 우리는 「기자의 조속한 현장 복귀를 요구하는 CNN 및 백악관 기자협회와 연대한다」는 제목의 성명을 발표했다. 미국에서는 CNN과 입장이 다른 보수 성향 폭스뉴스도 동참했는데, 백악관 대응에 항의해 공통의 입장을 지키려고 한 것이었다. 그 모습을 일본 NHK도 뉴스에서 연일 보도했다. 우리는 CNN 기자의 기자증 박탈과 이를 둘러싼 미국 언론계의 움직임을 계기로, 일본에서도 총리 관저에서 벌어지는 일들을 돌아볼 기회가 될 것이라고 생각했다. 일본 정부의 대변인인 관방장관 기자회견에서 사실의 진위 여부를 따지는 기자들의 취재를 제한하고, 질문하는 기자들을 비방하거나 살해 예고까지 하는 일이 벌어졌으

---

64) 도널드 트럼프 전 대통령 시기였던 2018년 트럼프 대통령이 기자회견에서 CNN의 백악관 출입기자 짐 아코스타와 논쟁을 벌인 뒤 그의 백악관 출입증을 압수하며 논란이 불거졌다. 당시 '친 트럼프' 진영 매체로 꼽힌 폭스뉴스조차 CNN 기자를 지지한다는 입장을 표명해 화제를 낳았다.

니 말이다.

우리는 "백악관에서 벌어진 일은 일본에서 일하는 우리에게도 남의 일이 아닙니다."라고 호소하며 각 언론사 정치부에 성명을 보냈지만, 상황은 나아지지 않았다. 아니 오히려 더 나빠졌다. 2019년 1월 18일 헤노코 미군 신기지 건설 관련된 주민투표를 둘러싸고, 한 청년이 항의 단식을 했는데 모치즈키 기자가 이와 관련해 질문을 던졌을 때가 상징적이다.

- 모치즈키 : 헤노코 매립에 대해 묻겠습니다. 오키나와 방위국이 매립 토사 단가를 현내 양질의 석재보다 배 이상…
- 보도실장 : (질문 시작 8초 후) 간결하게 부탁드립니다.
- 모치즈키 : 1m^3당 1만 엔(약 10만원) 이상으로 업자에게 발주한 사실이 판명되었습니다. 방위성 내규에서 공사의 재료 단가는…
- 보도실장 : (질문 시작 16초 후) 간결하게 부탁드립니다.
- 모치즈키 : 원칙적으로 3개 회사 이상에서 견적을 뽑도록 되어있으나, 1개 회사만 보고 견적을 냈습니다.
- 보도실장 : (질문 시작 24초 후) 간결하게 부탁드립니다.
- 모치즈키 : 붉은 흙 투입 의혹에 이어 이것도 역시 문제가 아닐까요?
- 스가 : 적절히 대응하고 있습니다.
- 보도실장 : 잠시 후 일정이 있으니 마지막 질문 부탁드립니다.
- 모치즈키 : 관련해서 오키나와 5개시의 현민 투표에 대해 질문

드립니다. 서명을 모은 스물일곱살 모토야마 진시로(元山仁士郞) 씨가…

· 보도실장 : (두 번째 질문 시작 8초후) 간결하게 부탁드립니다.

· 모치즈키 : … 서명한 10만 명의 마음을 헛되이 하고 싶지 않다고 오키나와 기노완(宜野湾) 시청 앞에서 항의하는 단식 투쟁을 15일부터 하고 있습니다.

· 보도실장 : (질문 시작 16초 후) 간결하게 부탁드립니다.

· 모치즈키 : 젊은이가 단식투쟁으로 항의의 뜻을 나타내지 않을 수 없었던 점…

· 보도실장 : (23초 후) 간결하게 부탁드립니다.

· 모치즈키 : 이 상황에 대한 정부의 입장을 말씀해주십시오.

· 스가 : 그 분에게 물어 보십시오.

두 개 질문에 걸린 시간은 답변을 포함해도 1분 남짓. 사회자가 8초 간격으로 "간결하게 해주세요."라고 주의를 줬는데, 다른 질문자가 30초가 넘는 질문을 할 때도 그런 재촉은 없었다. 즉, 특정인을 겨냥한 질문 방해였다. 인터넷상에서 이런 질문 방해는 '차별 화법(話法)'으로 지적된다. 스가는 모치즈키의 질문을 들으면서 코웃음을 쳤다. 그리고 보도실장을 힐끔힐끔 보면서 답변 형태를 갖추지 못한 말만 남기고 떠났다.

질문자의 지명권을 사용해 자신들의 뜻에 맞지 않는 모치즈키의 질문은 항상 뒤로 미루고, 질문이 시작되면, 질문 수를 한 두 문항으로 제한했다. 또, 질문 중에는 보도실장이 거의 8초 간격으로 "간결하게 부탁합니다."라는 말을 반복하면서 질문을 방해했다. 즉 '모치즈키=질문이 긴 기자'라는 인상 조작을 하고 있었던 것이다. 그리고 내각 기자회에 배포한 자료에서는 '사실 오인'이라는 딱지까지 붙여가며 비판적인 날카로운 질문을 하지 못하게 한 것이다.

이런 상황에 대해 신문노련이 항의 성명을 낼 수 있는지 논의를 진행했다. 준비하는 동안 상황은 더 악화되었다. 통계 부정 문제가 발각되고 나서 국회에서 처음 열린 중의원 예산위원회 심의 때는 후생노동성 비리 검증에 열쇠가 되는 정책통괄관(국장급)에서 경질된 직원을 참고인으로 부르는 것을 여당이 거부했다. 아베 총리도 직원을 부르는 것의 적절성에 대해서는 "대답할 수 없다."라는 입장이었다. 기자도 의회도, 자유롭게 질의를 할 수 없는 비정상적인 상태였다.

이후 신문노련에서 성명을 내면서 '#질문할 수 있는 나라로'라는 해시태그(#)가 함께 확산되었다. 성명을 계기로 신문, TV, 라디오, 인터넷 매체 등에서 보도가 이어졌다. 나중에는 국회에서도 이 문제가 거론되었다. 그러나 아베 정부는 강경한 태도를 보였다. 2월 12일 중의원 예산위원회에서 입헌민주당의 오쿠노 소이치로(娛野總一郞) 의원의 질문을 받은 스가는 "귀한 기회이니 꼭 말씀드리고 싶다."라면서 자신의 입장을 늘어놓았다.

"관방장관 기자회견의 취지는 질문에 대한 정부의 견해 · 입장을 기자 여러분께 답변하는 것이라고 생각하고 있습니다. 그래서 빡빡한 스케줄 속에서도 회견을 하고 있고 이 회견 장면은 관저 홈페이지에서 인터넷 동영상으로 볼 수 있고, 또 다른 매체를 통한 생방송 중계도 이뤄지고 있습니다. 제 발언뿐 아니라 기자님들의 발언도 국내외에서 바로 시청할 수 있게 되어 있습니다. 그 자리에서 사실에 근거하지 않는 질문이 이뤄지고, 그런 질문에 기초해 답하면 자칫 국내외 모든 시청자에게 잘못된 사실이 전달될 수 있습니다. 과거에 이런 사례가 몇 번인가 있었습니다. (중략) 이런 일이 계속 이어졌기 때문에, 이번에도 관방장관 회견의 주최자인 내각 담당 기자회에 정확한 사실에 근거한 질문을 해달라고 협조를 부탁한 것입니다."

　오쿠노 의원이 "만일 명확한 사실 오인이 있다면 회견을 통해 반박하는 것이 순리다. 이런 문서를 기자회에 전달하는 것 자체가 보도에 대한 간섭으로 이어진다. 언론의 자유를 지킨다고 한다면 더 제대로 된 답변을 해야 한다."라고 지적하자 스가의 답변은 더욱 감정적으로 변했다. "그런 게 취재는 아니라고 생각합니다. 이미 결론을 내놓고 묻는 것입니다. 사실과 다른 내용을 기자회견에서 묻고, 그것도 사전 통보고 뭐고 없으니까 말입니다. 저라고 모든 내용을 다 알겠습니까? 관방장관이 하루 두 차례 기자 회견을 하는 나라는 없습니다. 프랑스에서는 각료 등의 기자회견이 1일 1회 이뤄집니다. 주요국 가운데 관방장관이 매일 기자 회견을 하는 나라는 (우리 외에는) 없다는 것을 말씀드리고 싶습니다."라고 답변했다.
　스가는 기자회견의 횟수를 줄이는 것을 빌미로 언론사를 흔들어 왔는데, 결정적인 것은 2월 15일 국무회의에서 의결된 국회의원의 질문에 대한 정부 답변서였다. 정부는 답변서를 통해 모치즈키의 질문을 '잘못된 사실 인식에 근거한 것으로 생각되는 질문'이라고 일방적으로 단정했다. 또 신문노련의 성명 등에서 그만두도록 요구했던 일련의 질문 제한·방해를 정당화하고, 앞으로도 이를 지속하겠다고 선언했다.

앞서 2018년 12월 말에 총리 관저 보도실이 요청서를 보냈을 때 내각 기자회의 간사 매체는 "특정 기자를 배제할 수 없다."라며 수령을 거부했다. 기자회 게시판에 공개 게시했던 것을 두고 정부는 표면적으로는 관저 보도실이 자의적으로 했다고 설명했지만, 이후 각의(국무회의) 결정에서 '기자회에 요청을 했다'면서 태도를 명확히 했다. 결과적으로 내각 기자회의 주장을 일축한 것이다.

이례적인 국무회의 결정을 두고 신문노련, 민영방송국 노조연합, 출판노련 등 미디어 관련 노조인 일본언론문화정보노조회의(MIC) 명의로도 2월 18일 항의 성명을 발표했다. 앞서 신문노련이 2월 5일 낸 성명에서는 정부와 언론 사이에 정보량에 있어서 압도적인 차이가 있기 때문에 국민을 대표하는 기자가 사실 관계를 하나도 틀리지 않고 질문하는 것은 불가능하다는 점을 지적했다. 비록 사실관계에 잘못이 있더라도 질문할 권리는 빼앗겨서는 안 된다는 원칙론을 강하게 내세웠다.

이어진 MIC 성명에서는 헤노코 바다의 '붉은 흙'에 관한 정부의 설명이 잘못된 것임을 강조했다. 총리 측이 그동안 '모치즈키 기자의 질문은 사실을 오인한 것'이라는 식으로 선전해왔기 때문이었다. 여기에 총리 관저의 행위를 '권력자에 의한 기자 괴롭힘'으로 표현했다. 모치즈키 기자가 괴롭힘을 당하는 것을 주위에서 방관하는 것도 괴롭힘으로 이어진다는 내용도 포함시켰다.

그리고 2월 23일 회의에서는 MIC가 연례 춘투[65]에 맞춰 해오던 국회 청원 집회를 하는 대신, 언론사에 대한 질문 제한 문제에 초점을 맞춰 총리 관저 앞에서 진행하기로 결정했다. 행사 명칭은 「FIGHT FOR TRUTH(사실을 위한 싸움), 우리의 알 권리 지키기 3·14 총리관저 앞 행동」이었다. 미디어 관련 노조가 관저 앞에서 알 권리를 지키기 위한 행사를 주최하는 것은 처음이었다. 이날 MIC 모임에서 출판노련 위원장 사카이 가오리는 이렇게 호소했다.

"두려움은 사람을 마비시키고, 행동하지 않는 것을 정당화합니다. 지금 공포가 우리의 마음을 마비시키고 있지만, 희망을 갖고 앞으로 나아갔으면 합니다. 공포심을 끊어낼 시점이 바로 지금입니다."

이례적인 관저 앞 집회에 600명

물론 기자가 '당사자'가 되는 것에 다양한 의견이 있을 것이라 예상했다. 2016년 2월 다카이치 사나에(高市早苗) 총무상의 '전파 정지

---

65) 일본에서는 매년 봄(2월) 임금 인상과 노동시간 단축 등 노동조건 개선을 협상하는 행사가 열린다. 이를 춘투라고 한다.

발언'이 논란이 됐을 당시, 유명 TV 진행자인 다하라 소이치로(田原総一朗)나 기시이 시게타다(岸井成格)[66]가 이 발언에 문제가 있다고 호소하는 기자회견을 했을 때에도, 참석을 요청받은 다수 텔레비전 방송국 캐스터들은 회견에 참가하지 않았다. 그런 사정을 잘 아는 기자들이 나에게 '정말 집회를 열어도 괜찮겠는가. 현역 기자들이 참석하지 않으면 볼썽 사납게 된다'며 걱정하는 전화를 연일 걸어왔다. 아사히신문 정치부 선배로부터도 '관방장관은 절대로 태도를 바꾸지 않을 터다. 어차피 패배할 싸움이라면 관저 앞 행동을 하는 것은 반대'라는 말을 들었다.

3·14 관저 앞 행동을 앞두고 나는 구니야 유코(国谷裕子)의 자서전 『캐스터라는 일』을 다시 읽었다. 구니야는 안전보장 관련법과 관련해 스가 관방장관 인터뷰를 한 뒤 총리 관저의 미움을 샀다. 결국 그는 NHK '클로즈업 현대'의 캐스터 자리에서 내려오게 된다. 구니야는 저서에 이렇게 적었다.

"물어야 하는 것은 제대로 묻는다. 각도를 바꿔 반복해 묻는다. 특히 비판적인 측면에서 인터뷰를 하고, 이를 통해 사실을 드러나게 한다."

나는 구니야가 일을 하면서 지켜온 이런 사고방식에 공감했다. 나는 점점 언론이 권력의 일부가 되면서 자신의 문제를 솔직하게

---

66) 아베 총리에 대한 '돌직구' 논평으로 유명하다.

말하지 않았던 것이 현재의 어려운 상황을 불러왔다는 생각이 들었다. 이런 사태를 타개하려면, 솔직하게 현실을 말하는 것에서부터 모든 것이 시작되어야 한다. 또 행사를 준비하며 관저의 질문 제한 문제에 대해 특히 지방지 기자들이 위기감을 갖고 있다는 사실을 알았다. 중앙에서 질문 제한을 시작하면, 이 기조가 전국의 공적 기관이나 공인 사이 파급될 수 있기 때문이었다.

드디어 집회가 시작되었고, 오후 6시 반을 넘겨 구호를 외치기 시작했다.

FIGHT FOR TRUTH ! 알 권리를 지키자 !
FIGHT FOR TRUTH ! FIGHT FOR TRUTH !
총리 관저는 기자 괴롭힘을 그만두라!
기자의 질문을 방해하지 말라!
기자의 질문을 제한하지 말라!
기자의 질문을 방해하지 말라!
FIGHT FOR TRUTH !

MIC가 매년 여는 춘투 데모의 참가자는 보통 150명 내외였다. 300명 이상이 모였으면 좋겠다고 생각했는데, 예상보다 훨씬 많은 600여 명이 모였다. 국회 기자회관 앞 도로가 참석자로 가득 차, 마이크 소리가 닿지 않는 곳까지 인파가 쏟아졌다. 주최자 인사 순서에서 나는 참가자들과 관저 내, 국회 기자회관에 있는 정치부 기자들을 향해 호소했다.

"언론사 노동조합이 관저 앞에서 행동하는 것은 극히 이례적입니다. 오늘의 주제는 '알 권리'입니다. 관방장관 회견은 누구를 위한 것인가. 저는 기자회에 속해 있던 기자 중 한 명이지만, 프리랜서 기자도 포함해, 폭넓은 분들과 앞으로 어떤 기자회견을 해야 하는지, 국민의 알 권리는 어떤 형태로 지켜져야 하는지를 함께 생각하는 자리로 만들고 싶습니다. 오늘은 현장 기자들도 많이 발언합니다. 이런 목소리를 관저에 전하고, 지금 관저에서 힘들어하는, 고민하는 관저 기자회 소속 기자들의 용기도 북돋아주는 집회가 되면 좋겠습니다."

'FIGHT FOR TRUTH'라고 적힌 플래카드는 빨간색과 파란색 2가지 색상으로 준비했다. '색깔(의견)의 차이는 있어도 좋다. 정권에 대한 생각도 다양하면 좋다. 하지만 알 권리라는 토대는 함께 지켜나가자'는 바람을 담았다. 전 TBS 소속 기자이자 MIC의 동료였던 입헌민주당의 스기오 히데야(杉尾秀哉) 참의원 의원을 비롯해 오쿠노 소이치로(娛野總一郞) 중의원 의원, 다무라 도모코(田村智子)[67] · 모리 유코(森裕子) · 후쿠시마 미즈호(福島瑞穗) 참의원 의원 등 질문 제한 문제를 국회에서 제기했던 의원들이 아베 정권에서 '보도의 자유'가 탄압받는 상황에 우려를 표했다. 이어 관저의 질문 제한 문제로 항의 성명을 낸 일본펜(pen)클럽의 아즈사와 가즈유키(梓澤和幸) 변호사와 국제 NGO인 '국경없는 기자회'의 세가와 마키코(瀨川牧子) 일본 특

---

67) 공산당 소속으로 아베의 '벚꽃을 보는 모임'에 문제를 제기했다.

파원, 언론사에서 일하는 여성 네트워크의 하야시 요시코(林美子) 대표가 연대의 뜻을 표하며 인사를 했다. 그리고 7명의 현역 기자가 용기 있게 무대에 올라 연설을 시작했다.

처음 나선 것은 2018년 4월 재무사무차관 성희롱 사태[68] 이후 여기자 측의 조정 역할을 맡고 있던 마이니치신문의 요시나가 마미(吉永磨美) 기자였다.

"기자와 저널리스트는 정권이 가능한 한 닫으려 하는 문을 억지로 여는 것이 일입니다. 손타쿠나 아첨할 것이 아니라 정부에서 어떤 일이 벌어지고 있는지를 계속 묻고, 취재하는 것이 우리의 일이자 존재 이유입니다. 정치권력으로부터 미움을 사도, 그들이 순응시키려 해도 철저히 취재해 정보를 확보하지 않으면 안 됩니다. 우리가 권력과 똑같아지면 안 됩니다. 권력과 좋은 관계를 유지하는 것에 저항하지 않으면 안 됩니다. 세상에 혼자 있는 권력자는 없습니다. 그를 무비판적으로 따르는 주위 사람들이 누군가를 권력자로 만드는 것입니다. 우리는 무비판적인 주변의 존재가 되어서는 안 됩니다. 권력이 두렵다면, 이상한 것은 '이상하다'고 소리 높여 자신의 의견을 말해야 합니다."

가나가와신문의 다사키 모토이(田崎基) 기자는 "화난 사람 손들어

---

68) 후쿠다 준이치 당시 재무성 사무차관이 회식 자리에서 여기자들에게 성희롱 발언을 한 사건.

주세요."라는 퍼포먼스를 하면서 "권력자의 오만함이 문제입니다. 리버럴이라든가, 보수라든가 하는 차원의 문제가 아닙니다. 모치즈키 만의 문제가 아닙니다. 권력자의 오만함에 모두가 '이건 아니다'고 말하지 않으면 안 됩니다."라고 발언했다.

히로시마에서 달려온 주고쿠신문의 이시카와 마사요시(石川昌義) 기자는 가케학원 이사장의 기자 회견을 예로 들며 관저에서 일어나는 일이 각지로 확산하는 상황에 위기감을 드러냈다.

"언론에 제한을 가하는 행동이나 에티켓을 갖추지 않는 행태는 금방 퍼집니다. 가케 고타로(加計孝太郎)[69]의 기자 회견이 오카야마에서 있었습니다. 어떤 분들은 그 회견을 기억할 것입니다. 현지 기자회 소속 기자만 참석이 가능했고, 시간도 극히 짧았습니다. 이런 문제 있는 행동은 숨길 것이 있는 사람들 사이에서 금방 확산합니다. 이를 막기 위해서라도 우리가 목소리를 높여야 합니다. 이번 사건의 뿌리에는 기자들 사이 연대를 끊으려는 의도가 있습니다. 사실 기자회는 하나가 되어 정보를 기사화하면서, 확고한 자세로 움직여야 합니다. 어떤 특정 기자를 지목해 '이 기자는 좋은 기자다', '이 기자는 문제 있는 기자다'라고 말하는 것을 용납해서는 안 됩니다. 이렇게 기자를 갈라놓으면 어떤 일이 생길까요? 서로 의심하고, 감시하고, 회사끼리 서로 소통하지 않게 됩니다. 저는 그런 것을 가장 두려워하고 있습니다. 일본 언론에는 어두운 역사가 있습니다.

---

69) 가케학원 이사장. 아베 전 총리의 오랜 친구로 알려졌다.

우리가 그런 어두운 역사를 반복하면 안 된다는 생각으로 이 자리
에 왔습니다."

이시카와 기자의 호소처럼 MIC에서는 일본 언론계가 과거로 돌
아갈 지도 모른다는 위기감이 높아가고 있었다. 일본은 전쟁 전 기
자 등록제가 시행되면서 자유로운 취재나 보도를 할 수 없게 됐고,
결국 이른바 '대본영 발표'[70] 일색의 보도가 이뤄진 바 있다. 도쿄신
문의 우사미 아키히코 기자도 언론사가 분열되는 상황에 경종을 울
렸다.

"모치즈키는 기자로서 당연히 물어야 하는 것을 물었을 뿐입니
다. 스가 장관은 이에 제대로 답하지 않고 있습니다. 질문에 답하
지 않을 때, 직구 스타일이든 변화구 스타일이든 여러 방식으로 다
시 질문하는 것은 당연한 일입니다. 질문, 추궁하는 기자를 야유하
며 기자회견이 엉망이라 하는 언론사도 일부 있습니다. 하지만 (그
런) 산케이신문 기자도 이런 위기감을 공유했으면 합니다. 산케이
신문도 민주당 정권 때에는 답하기 어려운 질문을 많이 던졌을 것
입니다. 그런 자세는 중요하다고 생각합니다. 산케이신문의 독자를
포함해 모든 매체 독자들의 알 권리를 위해 기자 한 사람 한 사람이

---

70) 태평양전쟁 당시 덴노(일왕) 직속으로 군대를 통솔한 최고 통수 기관. 전
쟁중 대본영 중심으로 보도를 통제하면서 사실상의 '발표 받아쓰기' 보도가 이
뤄졌다.

노력하지 않으면 안 됩니다."

집회는 회사와 노조의 벽을 뛰어넘었다. 신문노조연합 비가맹 언론사인 주니치신문노조의 가시와자키 도모코(柏崎智子) 기자도 호소를 이어나갔다.

"기자의 주요한 역할은 어떤 분위기를 흐트러트리는 것이라고 생각합니다. 높은 사람의 기분을 상하게 할 수도 있는 것을 묻기 위해서는 용기가 필요합니다. 이를 제대로 하지 않으면 기자로서 역할을 다할 수 없습니다… 이번 총리관저의 대응을 보면서 '면전 DV[71]'라는 생각이 들었습니다. '면전 DV'라고 말한 것은 그것이 모치즈키 기자를 괴롭히는 것과 같았고, 또한 그 자리에 있던 많은 기자들도 비슷한 트라우마를 갖도록 한다는 의미입니다. DV의 본질은 역시 '지배'라고 생각합니다. 지배받고 있는지 아닌지는 그 자리에서 직접 느끼기 어렵습니다. 그보다 '무언가 분위기가 어둡고 공기도 무겁네'라는 느낌을 받으며 점차 자유를 빼앗기는 것이기에 '면전 DV' 같은 것이 허용돼서는 안 됩니다. 동료로서 그를 지켜주고 싶습니다."

역대 신문노련 위원장 등의 발언도 있었다. 다른 나라와 달리 '조

---

71) 가정 내 폭력이나 데이트 폭력 등을 의미하는 도메스틱 바이올런스(Domestic Violence)의 일본식 표현.

용하다'는 말을 듣던 일본 '조직 저널리즘'의 기자들이었지만, 이번에는 전국에서 15명의 기자들이 '실명으로' 관저의 방식에 이의를 제기했다. 행사 시간은 예정된 1시간을 30분 넘겼다. 진행자로부터 시간을 지켜달라는 말을 들었지만, 현장 기자들의 마음을 그대로 전하기 위해 계속 진행했다. 나는 "관저 기자회견은 5~6년 전만 해도 더 자유롭고 활발하게 진행됐습니다. 누가 물어도 방해하는 일도 없고, 질문 수에도 제한이 없었습니다. 그런 자유롭고 활발한 기자회견을 되찾읍시다."라며 모치즈키에게 마이크를 건넸다. 그는 모리토모·가케 학원 문제나 이토 시오리 사건 취재에 대한 관저의 방해 행위를 되짚었다.

"음습한 방해가 있었습니다. '회견장은 대체 무엇을 하는 곳입니까?'라는 저의 질문에 (스가) 장관은 "당신의 질문에 대답하는 자리가 아니다."라고 몇 번이나 말했습니다. 이 무슨 권력자의 교만입니까? 한 기자의 질문 뒤에는 회견에 참가할 수 없는, 소리 없는 시민들의 생각과 의문이 있다는 사실을 전혀 생각하지 못하는 걸까요. 아연실색했습니다. 정권이 장기화하면서 관저 회견이 정부의 홍보 도구가 된 것이 아닐까요. 1년 반 넘게 지켜보며 날마다 제가 느끼고 있는 것입니다. 회견은 정부 주최 행사가 아닙니다. 기자 취재로 현장의 생생한 목소리를 들음으로써 정부가 주장하는 것이 사실이 아니라는 점이 명백히 드러난 일이 많았습니다."

그는 또 단계적으로 미디어를 지배하려 하는 아베 정권하에서 지금 기자로서 해야 하는 일에 대한 결심도 밝혔다.

"지금은 국가 권력과 언론이 가져야할 본연의 자세, 그리고 언론이란 무엇인가를 되묻는 시기라고 생각합니다. 언론이 권력에 날카로운 질문을 할 수 없을 때 민주주의는 쇠퇴합니다. 그리고 지금 이 순간에도 세상에는 우리가 헤아리지 못한 소리 없는 외침이 아직도 많다는 것을 잊어서는 안 됩니다. 정부가 언론을 지배하고, 억압하려 하고 있습니다. 서로 용기를 북돋아주고, 연대해 일어나 오늘처럼 함께 싸워나갑시다. 정말 감사합니다."

제 3장

문서가 남지 않는 나라

3장에서 저자는 정권의 '기록 없애기' 풍토에 문제를 제기합니다. 한때 일본 신문의 '총리 동정'란은 그 상세함에 우리 언론이 참고해야 하는 '모델'처럼 여겨지기도 했습니다. 일본 언론은 총리 일정을 '분 단위'로 취재해 동정에 실어왔기 때문입니다. 하지만 실제로는 구체적으로 내부 상황을 들여다보면 여러 한계를 보이고 있다는 것이 저자의 지적입니다. 특히 아베-스가 정권의 '정보 은폐' 시도 속에 동정란은 역으로 정권에 유리한 '공식 문건'처럼 이용되기도 했다고 합니다.

정부가 제대로 기록을 남기는 것은 단지 업무의 편의성을 위해서만이 아닙니다. 당국으로서는 자신의 업무가 '역사'로 남기에 더욱 긴장할 수밖에 없고, 언론이 그 기록을 통해 훗날에라도 권력을 감시할 수 있습니다. 이런 고민은 과거 태평양전쟁에서 일본이 패한 뒤 정부가 관련 기록을 제대로 보존하지 않았기에 오늘날 역사를 반성하기 어려운 현실과도 이어진다고 저자는 역설합니다.

총리 동정을 역으로 이용한 아베

일본은 중앙 일간지를 중심으로 신문 정치면에 총리 동정이 매일 실린다. 총리 담당 기자는 총리가 아침에 자택을 나갔다가 밤에 집으로 돌아올 때까지 밀착해 총리가 갔던 장소나 만난 사람을 분(分) 단위로 기록한다. 총리 담당 기자들은 체력으로 승부하는 셈이다. 총리 관저 입구에서 찾아온 사람에게 '총리와 면담하러 왔는지', '용건은 무엇인지' 등을 묻는다.

총리 관저에서 사전에 공표되는 총리 일정 자체는 극히 적다. 누군지 잘 모르는 사람의 이름을 가려내는 것도 일이고, 관저에서 사람이 나올 때도 총리와 이야기한 내용을 하나하나 확인하지 않으면 안 되는 게 총리 담당 기자다. 휴일에 총리가 골프를 치러 가면 골프장 밖에서 상황을 계속 살핀다. 총리가 사저에 머무를 때도 밖에서 기다려야 하는 경우가 있다. 기자는 365일 총리에게 붙어 있어야 하는데, 이는 총리 담당 기자를 둔 언론 입장에선 상당히 부담스러운 일이다.

이렇게 매일 기록되는 총리 동정은 어찌 보면 '평범한' 기록이다. 그런데 가케학원 논란이 발생했을 당시, 총리 동정이 뜻밖에 각광을 받았다. 아베 신조 전 총리가 의장으로 있던 국가전략특구자문회의가 가케학원의 수의대 신설을 허가했던 2016년, 총리와 가케학원 가케 고타로 이사장이 총 7번이나 골프와 회식을 거듭했다는 사실이 총리 동정을 통해 알려졌던 것이다. 2012년 12월 아베가 총리에 취임한 이후로 따지면 이들이 만난 횟수는 16번이나 되었다.

아베와 가케 이사장 간 면담을 기재한 에히메 현의 관련 문서가 공개되자, 2018년 5월 28일 참의원 예산위원회에서 모리 마사코 자민당 참의원이 아베에게 2015년 2월 25일 가케를 만난 적이 있는지를 물었다. 아베는 총리 동정란을 역으로 이용하면서 이렇게 대답했다.

"2015년 2월 25일 가케 이사장을 뵌 적은 없습니다. 통상 총리 면담 관련해서는 관저나 자택, 기자 여러분 등이 출입하는 사람의 이름을 하나하나 확인하고 있습니다. 그런 '총리 동정'을 통해 2월 25일 전후를 조사해 봤는데 가케 이사장의 경우 2014년 12월 21일 만난 뒤에는 2015년 4월 7일 만났다고 합니다. 가케 이사장도 2015년 2월 저를 만난 적은 없다고 밝힌 것으로 알고 있습니다. 저는 가케 이사장과 지금까지 몇 차례 만난 적이 있습니다만, 반복해 말씀 드린 대로 수의대 신설에 대한 얘기는 한 적이 없습니다."

하지만 총리 집무실로 통하는 문 앞에서 면담자를 직접 확인하던 옛 관저 시절과는 달리, 이제는 총리 담당 기자가 외부 손님의 출입을 확인하기 위해 대기하는 장소는 관저 3층 입구다. 그곳에서 5층 총리 집무실 주변 복도에 설치된 카메라를 통해 집무실에 누군가가 출입하는지 모습을 확인할 수 있을 뿐이다. 사실 복도를 통하지 않고서도 얼마든지 총리 집무실로 들어가는 것이 가능하고, 관저 출입구도 여러 곳이어서 총리와 만나는 사람을 모두 파악하는 것은 어렵다.

또 호텔 등에서 회식할 때 도중에 자리를 뜨면서 몰래 다른 사람을 만나는 '바구니 빠져 나가기[72]'라는 '밀회' 방법도 있다. 2012년 2월 25일 노다 요시히코 총리와 다니가키 사다카즈(谷垣禎一) 당시 자민당 총재가 극비 회담을 했을 때도, 총리 동정 기록에는 후지무라 오사무(藤村修) 관방장관과 만난 것으로 되어 있었다. 그렇다보니 노다는 국회에서도 "다니가키를 만나지 않았다."라고 계속 주장했다. '총리 동정'에는 이렇듯 엄연히 구멍이 있는 셈이다.

정보공개 선진국인 미국에서는 리처드 닉슨 대통령의 워터게이트 사건 이후 대통령 일정의 투명성이 중시되면서, 백악관 출입 기록 등이 엄밀하게 다뤄지고 정보 공개의 대상이 되었다. 그렇지만 일본에서는 총리 관저의 출입 기록은 국회의원이 제출을 요구해도 공개되지 않는다. 참의원 회관의 출입 기록도 3년 치가 보관되어 있는데 반해, 총리 관저 측에서는 '방대한 개인정보를 관리하는 것이 곤란해 지체 없이 폐기한다'며 남아 있는 기록이 없다고 주장한다.

실제로는 총리와 관방장관의 상세 일정이 적힌 문서가 총리 관저 5층에서 다뤄지고 있지만 외부로는 나가지 않는 것이다. 총리 담당 기자들이 한 땀 한 땀 취재해 싣는 신문의 '총리 동정'이 마치 총리실에서 내놓는 공문서처럼 다뤄지는 것은, 일본의 정치·행정 권력이 정보 공개에 얼마나 소극적인 자세를 취하고 있는 지를 보여주

---

72) 카고누케(かご抜け), 몸을 솟구쳐 바구니를 빠져나가는 에도 시대의 곡예로 현대에는 건물에 들어간 뒤 다른 출구로 몰래 빠져나가는 것을 뜻한다.

는 증거다.

모리토모학원 문제 관련해 사가와 노부토시 전 재무성 이재국장이 '문서를 폐기했다'는 답변을 되풀이하고 있을 때의 일이다. 사가와를 잘 아는 재무성의 전직 간부는 후배를 배려하듯 이렇게 투덜댔다. 총리 집무실에서의 정보 교환 과정은 무조건 '논(Non) 페이퍼' 시스템, 즉 메모를 금지하는 방식으로 이뤄진다. 총리 집무실에서 정보 교환을 한 뒤 관료들은 부처로 돌아가 필사적으로 기억을 되살려 문서를 작성해 필요한 곳과 공유하지만, 그 메모는 원칙적으로는 '존재하지 않는 것'이 된다. '비공식' 문서를 작성하는 문화가 그만큼 뿌리 깊다.

정치 환경에 좌우되는 공문서

한 번 공개된 문서가 졸지에 비공개로 바뀌는 일도 벌어졌다. 가케학원 수의대 신설과 관련해 에히메(愛媛)현 이마바리(今治)시가 국가전략특구 지정을 신청하기 직전인 2015년 4월 2일, 시청 직원들이 총리 관저를 방문했을 때의 기록이 대표적이다. 이마바리 시는 2016년 11월 한 시민이 정보공개청구를 했을 때, 특구 담당 시청 직원이 총리 관저를 방문한 출장 기록이나 학교가 문을 여는 시기 관련 방침이 담긴 일정표(2016년 8월 작성)를 부분적으로 검은색 칠을 한 뒤 공개했다. 그런데 정부가 가케학원을 염두에 두고 수의대 신설을 검토하는 과정에 총리실이 관여했음을 뒷받침하는 자료가 되면서 상황이 급변했다. 야당 의원이 이 공개 문서를 바탕으로 2017년 정기국회에서 정부를 추궁했던 것이다.

이후 도쿄신문이 2017년 6월 21일 이마바리 시에 관련 정보공개를 청구하자 시는 기존에는 공개됐던 정보 9건을 전면 비공개로 돌렸다. 2017년 7월 15일 도쿄신문 조간 보도에 따르면 이마바리 시는 비공개 이유에 대해 "국가전략특구 사업을 추진하는 데 있어 솔직한 의견교환이 부당한 피해를 입을 우려가 있다. 향후 사업의 적정한 집행에 문제가 생긴다.", "국가전략특구 사업은 관계기관과 면밀한 협의·조정을 통해 가능하고, 중간 단계 정보를 공개하면 관계기관 간의 협력이나 신뢰 관계를 현저하게 해칠 우려가 있다."라고 설명했다. 나도 2017년 7월 18일 이마바리 시에 확인한 결과 기획과로부터 이튿날 다음과 같은 회신을 받았다.

① 공개했던 문서를 비공개한 이유는? 전례가 있는가.

= 해당 문서에는 이마바리 시 정보공개 조례상 비공개 사항에 해당하는 정보가 포함되어 있었으므로 올해 1월 이후 정보 공개 청구가 된 건에 대해서는 비공개를 하고 있습니다. 또한 개별 청구에 따라 결정하고 있기 때문에 전례의 유무는 파악하기 어렵습니다.

② 당초의 공개 결정 이후 비공개로 해달라는 정부 요청이 있었나. 혹은 비공개 결정까지 정부와 논의한 바가 있나.

= 정부의 관여는 없습니다.

③ 가케학원 수의대 신설이 정식 결정되면 정보 공개가 가능한가.

= 이마바리 시 정보공개 조례에 비추어 개별적인 정보 공개 청구
에 따라 결정하게 됩니다.

이마바리 시는 문서의 어떤 점이 조례에 비춰 비공개로 되어야
하는지 구체적으로 설명하지 않았다. 시는 '정부 관여'를 부정했지
만, 국회에서 쟁점화한 점을 고려해 지방자치단체가 공개·비공개
판단을 '정치적으로' 했다는 의심을 받기에는 충분했다.

또 다른 사례도 있다. 오키나와 헤노코의 새 미군기지 건설공사
와 관련해서도 국민이 보기에 부정적인 정보를 감추려는 움직임이
있었다. 오키나와 방위국은 헤노코에서 미군기지 건설공사에 반대
하는 주민들의 항의 움직임이 있자 민간 회사에 경비와 감시를 맡
겼다. 그런데 2016년 5월 현지 신문인 오키나와 타임스가 "민간 경
비 비용이 평균적으로 하루 2000만엔(우리돈 약 2억원)을 넘긴 기간
도 있었다."라고 보도했다. 보도가 나가자 2016년 이후 경비업무
입찰 내용에 대해 홈페이지 게재나 창구 열람을 중단했다. 이후 입
찰 참가 업체나 각 회사의 입찰액을 기록해 놓은 문서는 정보공개
청구를 하지 않으면 볼 수 없게 되었다.

존재를 확인할 수 없는 문서를 누설한 혐의

아베 정권에서는 특정비밀보호법이 제정되는 등 정보 통제가 심
했다. 예를 들면, 국가안전보장국 사무실의 감시카메라(CCTV)는 복

사기가 있는 방향을 향해 있는 것으로 전해진다. 이런 가운데 아베 총리가 '존재를 확인할 수 없다'고 국회에서 설명한 문서의 '누설 혐의'에 대한 수사가 진행돼 문제가 되기도 했다.

안전보장 관련법이 심의되던 2015년 9월, 당시 가와노 가쓰토시(河野克俊) 통합막료장[73]은 2014년 12월 미국을 방문해 미 육해공군, 해병대, 국방부 수뇌부와 회담하면서 "(12월) 14일 중의원 선거가 있었는데 여당이 압승했다."라고 설명했다. 이어 가와노는 미국 측이 방위 협력을 위한 새로운 미일 가이드라인 및 일본 안보법제 개정안의 진행 상황을 묻자 "여당이 승리한 만큼 내년 여름까지는 마무리할 수 있다고 생각한다."라고 답했다. 또 미군 신형 수송기인 오스프리 도입에 대해 그는 "오스프리가 안전하지 않다고 부추기는 것은 일부 활동가뿐이다."라고 언급했다.

이들 발언은 일본 공산당이 공개한 관련 문서로 세상에 알려졌는데, 국회에서 발언의 진위를 추궁당한 아베 정부는 공식적으로는 문서의 존재를 인정하지 않았다. 아베는 "동일한 것(문서)의 존재는 확인할 수 없던 것으로 안다."라고 말했다.

그런데 2017년 3월 반전이 일어났다. 방위성 정보본부에서 근무하던 육상 자위대 육좌(陸佐)[74]가 '정신적 고통을 받았다'며 국가를 상대로 손해배상 청구 소송을 제기한 것이다. 그는 관련 회담 기록을 누설했다며 자위대 법 위반(기밀 유지의 의무) 혐의로 가택 수색까

---

73) 우리나라의 합참의장.

74) 일등육좌는 우리의 대령, 이등육좌는 중령, 삼등육좌는 소령에 해당한다.

지 받은 상태였다. 소장에 따르면 그는 정보를 누설하지 않았다고 주장했음에도 방위성으로부터 약 5시간에 걸쳐 자백을 강요받았으며, 기밀을 다루는 부서에서 행사 준비 자료를 작성하는 부서로 갑자기 이동됐다고 한다.

2017년 3월 23일 일본의 참의원 외교방위위원회에서 관련 질문을 받은 방위성은 '경무대가 자위대법 59조(기밀 유지 의무) 위반 혐의로 수사를 하는 것은 사실'이라고 시인했다. 회담 기록에 대해서도 국회 질의가 이뤄진 다음날인 2015년 9월 3일 방위성 '내부 비밀(省秘)'로 지정했던 사실이 밝혀졌다.

이노우에 사토시(井上哲士) 일본공산당 의원은 "미국 방문 당시 기록은 원래 '엄중 주의' 정도로 취급됐다. 그러던 것이 2015년 9월 2일 일본 공산당 소속 참의원 니히 소헤이(仁比聰平)가 국회에서 이 문제를 거론하자 다음날 황급히 비밀로 지정해버렸다."라고 비판했다. 육좌가 국가를 상대로 소송을 제기한 점에서 알 수 있듯, 피해자가 목소리를 높이지 않으면 정권이 자의적으로 정보를 감추는 일이 언제든 벌어질 가능성이 있다.

적절한 기록마저 리스크로 바꾼 아베 정권

내가 정치부에 배치됐을 때 총리는 후쿠다 야스오(福田康夫)였다. 그는 처음으로 공문서 관리 담당 대신을 두었고, 공문서 관리법 제정에 선도적 역할을 맡았다. 후쿠다 전 총리는 2018년 6월 9일 아사히신문 인터뷰에서 공문서를 제대로 남겨 놓는 것의 중요성에 대해 다음과 같이 말했다.

"종전 당시 육군성이 자신들에게 불리한 자료를 불태웠던 과거도 있다.[75] 기록만이라도 남아 있으면 이렇게 답답한 상황에 처하지 않을 텐데, 기록이 없으니 불과 70~80년 전인 전쟁 직전이나 전쟁 중의 기억, 사건을 둘러싸고 여러 해석이 생겨난다. 그 결과, 헤이트스피치 같은 문제도 생기고 있다. 제대로 된 기록만 있으면 역사를 확대해석하거나 과소평가하는 일은 일어나기 어렵다. 기록은 미래 세대를 위한 것이다…공문서 관리를 통해 행정에 대한 부당한 정치적 요구와 압력도 배제할 수 있다. 공무원이 정치가들에게 '그건 아니죠', '기록으로 남기겠습니다'라고 말하면 정치가도 터무니없는 말을 할 수 없게 된다."

후쿠다 전 총리는 공문서를 적절히 관리해 행정 규범을 강화하고, 정부에 대한 신뢰를 높여 나간다는 철학이 있었다. 공문서관리법은 인사권 장악 등으로 권한이 커진 총리실에 맞서 사실에 근거해 공평하고 중립적인 행정을 펴기 위한 '방파제'였다.

그런데 모리토모학원·가케학원 문제나 방위성 일지 은폐 사건 등에 대응해 아베 정권이 2017년 12월 재검토한 공문서 관리 가이드

---

75) 태평양전쟁 패배 이후 항복 직전에 육군성에서 기밀 서류를 소각했고 이로 인해 연기가 솟아올랐다는 증언이 있다.

라인에는 이런 이념에 역행하는 수정이 이뤄졌다. 가케학원 문제 관련 문부과학성과 총리실, 내각부의 설명이 서로 상충했던 점을 고려해 새로운 가이드라인에서는 다른 정부 부처나 민간기업과의 협의 내용을 의사록에 남길 때 원칙적으로 상대방에게 내용을 확인하도록 했다. 이런 가이드라인이 생기면 '총리 의향' 등이 적힌 문서가 작성되는 일을 막을 수 있다는 점을 고려했을 것이다. 총리실이 인사권을 쥔 마당에 상대방과 합의를 이룰 수 없는 기록을 남긴다는 것 자체가 '리스크'가 되니 말이다. 결국 정책 결정 프로세스를 파악하기 어렵게 되고, 향후 수정이 필요할 때도 무엇을 바꿔야 할지 실마리를 찾기가 어렵게 되었다.

아베 정권에서 공문서 기록 시스템의 왜곡은 계속되었다. 2018년 여름, 경제산업성이 "내·외부 협의를 기록할 때는 언제, 누구와, 무슨 회의를 했는지가 담기면 충분하며 의사록처럼 개별적 발언을 기록할 필요는 없다."라고 적은 내부 문서를 회의에서 배포한 사실이 발각되었다. 세코 히로시게(世耕弘成) 당시 경제산업상은 "반드시 모든 발언을 일일이 적는 의사록 작성을 요구하지는 않는다는 의미"라고 설명했다. 그는 이어 "일체의 회의록 작성이 불필요하다고 부처 내 규칙을 정한 사실은 전혀 없다."라고 주장했지만 "개별 발언을 기록할 필요가 없다."라는 말은 공문서관리법이나 이 법에 의거한 '행정문서 관리에 관한 가이드라인'의 취지를 벗어나는 것이었다. 상황을 잘 아는 이들은 '직원들은 이를 개별 발언을 기록하지 말라는 지시로 받아들일 것'이라고 우려를 표했다.

후쿠다 정권 때 초대 공문서관리 담당 장관을 지낸 가미카와 요코(上川陽子)는 각 부처의 문서 관리 실태를 점검하기도 했다. 그러나 아베 정권하에서는 공문서에 관한 문제가 속속 드러나고 있었음에도 불구하고, 규범 준수를 선도해 나가려는 노력이 부족했다. 그뿐 아니라 공문서관리 담당 장관이 총리가 의장을 맡고 있는 국가전략특구의 담당 장관까지 겸하고 있는 경우도 많았다. 다시 말하자면 이익 충돌이 생긴 것이다. 가케학원 문제의 경우 문부과학성이나 자치단체 쪽에서 관련 문서가 나와도, 정작 공문서관리 담당 장관의 소관 부처인 내각부에서는 문서를 공개하지 못하는 상황이 이어지면서 공직사회의 규범 준수 의식은 무너져갔다.

오프 더 레코드에서 회견·공문서 중시로

지금까지 언론계에서는 소위 '밤 마와리[76], 아침 마와리'로 상징되는 비공개 취재를 통해 독자적으로 확보한 정보를 중시해 왔다. 누구나 접근할 수 있는 공개된 문서나 기자회견은 우선 순위가 낮았던 것이다. 하지만 지금 언론은 여러 위협에 직면해 있다. 정보가 범람하는 가운데 언론에 대한 신뢰는 흔들리고, 정보가 나오는 출구를 독점하는 힘은 약해지고 있기 때문이다.

---

76) 돌다(마와루, まわる·回る)에서 온 단어로 기자들이 사건을 취재하기 위해 담당 기관을 도는 일. 한국에서도 경찰서 취재를 '사츠마와리'라고 부르는 문화가 남아있다.

과거 언론이 정보가 나오는 곳을 독점하고 있을 때와는 달리, 지금은 정치가를 비롯한 취재 대상자가 언론에 대한 불신을 부추기는 형태로 보도를 반박하는 일도 수월해지고 있다. 그러다보니 증거 능력이 약한 '오프 더 레코드' 취재뿐만 아니라 공문서나 기자 회견에서 나오는 언급이 중시되고 있다. 기자들이 장시간 노동하는 것을 바로잡기 위한 노동 규제 강화도 진행되고 있어 지금처럼 밤이나 아침 마와리에만 의존할 수도 없는 상황이다.

2018년 3월, 가쓰다 도모아키(勝田智明) 당시 도쿄노동국장은 기자회견에서 "여러분들의 회사에 가서 시정 권고를 해도 좋으련만."[77]이라고 말하기도 했다. 물론 권력을 자의적으로 휘두르는 모양새도 문제지만, 그의 발언은 언론사가 장시간 노동에 의존해온 기존 취재 방식을 바꾸지 않으면 권력자들이 '저 언론사는 직원들을 밤늦게까지 부리는 악덕 기업(블랙기업)'이라는 딱지를 붙여 취재나 보도를 제한할 수 있게 된 현실을 보여준다. 언론사는 특종 보도를 위한 개별 취재 경쟁을 중시하면서도, 지금처럼 바람직하지 않은 근로 조건이 당연시되는 원인을 없애 새로운 환경에 어울리는 취재 기반을 만들어 나가야 한다. 이런 생각에 신문노련은 2019년 1월 24일 임시 대회에서 이런 구절이 포함된 대응 방침을 결정했다.

---

77) 노무라 부동산의 '과로 자살' 문제와 관련해 정부의 조치가 제대로 이뤄졌는지 기자들의 질문이 이어지는 상황에 조사·단속 권한이 있는 행정기관장이 언론사를 '협박'하는 발언을 한 것으로 이해될 수 있다.

"지금까지 언론사에서는 밤 마와리, 아침 마와리 등 비공개 취재에 의존하는 방식이 중시되어 왔습니다. 이런 취재 방식의 유용성은 여전하지만, 취재원의 의식이 바뀌고 있고 언론인의 장시간 노동에 대한 규제도 강화하고 있습니다. 지금이야말로 언론인 간의 연대를 강화하고, 권력자가 자신의 입맛에 맞는 언론을 고르는 미디어 선별로부터 자유로운 '공공의 취재 기회'인 기자회견이 충실해질 수 있도록 노력합시다."

제 4장

기자클럽 제도와 연대

4장은 일본신문노조연합(신문노련) 위원장으로서 저자의 고민이 묻어나는 장입니다. 한국도 크게 다르지 않지만, 일본은 특히 '저널리스트'로서의 연대감 보다는 개별 언론사 차원의 조직주의가 강한 업계 문화를 갖고 있습니다. 이런 상황에 정권의 권력 남용에 맞서 기자들이 어떻게 힘을 모아야 할지에 대한 고민을 보여줍니다.

저자의 이런 고민은 일본과 유사한 기자클럽 및 출입처 제도를 갖고 있는 한국의 언론계에도 주는 시사점이 작지 않습니다. 일각에서는 '언론인'의 '패거리 문화'를 비판하기도 하지만, '읽히는 기사', '눈길을 끄는 기사'를 중심으로 하는 포털사이트에서의 무한 경쟁의 굴레에 갇혀 있는 한국 언론사의 기자들이 저널리스트 간 연대에 대해 깊이 고민하기 어려운 것 또한 사실이기 때문입니다.

지난 2019년 한국의 전국언론노조와 일본의 신문노련이 중심이 되어 양국을 오가며 언론의 자유와 책무를 주제로 심포지엄을 열었을 당시, 일본 기자들은 한국의 매체들이 힘을 모아 권위적 정권에 저항했던 지난 역사를 높이 평가했고, 한국 기자들은 신문노련이 여성 언론인의 목소리를 정책에 반영하기 위해 추진했던 여러 정책에 찬사를 보냈습니다. 당시 한일 언론인들은 소통과 연대를 통해 양국이 역사와 진정으로 마주하는데 기여할 수 있다고 뜻을 모으기도 했습니다.

신문노동조합의 가능성

2019년 3월 14일 스가 요시히데 관방장관의 기자회견 둘러싸고 총리 관저 앞에서 행사를 열었다. 교도통신의 아라사키 세고(新崎盛吳) 기자는 과거 신문노련 위원장으로서 UN 표현의 자유 특별보고관이었던 데이비드 케이와 면담했던 일화를 소개했다.

"데이비드 케이가 묻더군요. '일본에는 언론인의 연대가 어떤 식으로 이뤄지나요?' 저는 '신문노련이 그런 역할을 합니다.'라고 답했습니다. 데이비드 케이는 이 대답에 만족하지 못했던지 유감스럽게도 '일본 저널리스트들의 연대 의식이 부족하다'는 취지의 보고서를 냈습니다. 하지만 올해 관방장관 기자회견에서의 관저 측 질문 방해에 대해 처음 비판의 목소리를 낸 것은 신문노련이었습니다. 문제가 발생할 때 목소리를 높여 발언하고 연대를 호소하는 것이 결국 언론인의 연대로 이어질 것으로 저는 믿습니다."

나는 2018년 9월 26일 전국 86개의 신문 · 통신사 노동조합이 가입한 신문노련의 중앙집행위원장이 되었다. 취임 당시 30대였고, 정치부 출신이었다. 30대 정치부 기자가 위원장이 된 전례가 없다 보니 내정 단계부터 각종 억측이 주간지에 실렸다. 취임 후에도 인터뷰나 대담에서 "왜 당신이 위원장이 됐느냐?"라는 질문을 많이 받았다.

내가 위원장을 맡으려 했던 것은 모치즈키 기자와 함께 관방장관 회견에서 질문을 하면서 '이대로는 미래 세대에 제대로 된 취재 환경을 물려줄 수 없다'는 위기감 때문이었다. 그리고 이런 현실에 대응하는데 신문노련이 중요한 역할을 할 수 있겠다는 생각이 들었다. 당시 취재 기회에 제약이 따르거나 '송곳 질문'을 하는 기자에 대한 비방과 중상이 일어나는 상황에서 기자들을 도왔던 것이 바로 신문노련의 중앙집행위원장이었던 고바야시 모토히데(小林基秀) 홋카이도신문 기자와 그 전임 위원장이었던 아라사키 세고 기자였다.

모치즈키 기자가 가입한 주니치 신문노조는 전국지·블록지[78] 중에서 산케이신문과 함께 신문노련에 가입되지 않은 상태였고, 때문에 적극적인 지원이 현실적으로 어려웠다. 그럼에도 불구하고 고바야시와 아라사키는 사태의 심각성을 고려해 그에 대한 지원을 계속했다. 내가 속한 아사히신문의 유타카 슈이치 편집위원이 나에게 "신문노련 위원장을 하지 않겠는가?"라고 타진했을 때도 사양하지 않았던 것은 신문노련 네트워크로부터 많은 도움을 받고 영향력을 실감했기 때문이었다. 그간 아라사키 기자는 위원장으로서 '언론인의 연대'를 의식한 활동을 진행해왔다. 몇 가지 사례가 있다.

· 2014년 신문노조에 속하지 않은 산케이(産經) 신문의 가토 다쓰야(加藤達也) 전 서울지국장이 박근혜 당시 한국 대통령의 동정 기사를 썼다. 이 때 한국 검찰이 다쓰야 전 지국장을 불구속 기소하자 신문노련은 취재와 보도의 자유를 현저하게 침해하

---

78) 전국지는 아니지만 그에 못지 않은 광역 지역을 대상으로 하는 지역신문.

는 행위라고 항의했다.[79)]

· 시리아에 입국한 프리랜서 저널리스트 야스다 쥰페이(安田純
　平)가 억류된 영상이 방송됐던 2016년, 신문노련은 이라크 전
쟁의 실체를 밝힌 그의 취재 활동을 '위험을 무릅쓰고 국민의
알 권리를 충족시켰다'고 높이 평가한 뒤 '진실을 알리려는 기
자들을 표적으로 삼는 것은 국제사회에서 보편적인 가치를 인
정받는 언론 및 표현의 자유에 대한 도전'이라는 성명을 내고
즉시 그의 석방을 요구했다.[80)]

· 우에무라 다카시(植村隆) 전 아사히신문 기자[81)]가 위안부 보도
가 날조됐다는 공격을 받자 신문노련이 지원하겠다는 방침을
밝힌 것도 아라사키 기자였다. 일본 사회에 '아사히신문 때리
기' 분위기가 휘몰아친 가운데, 좀처럼 움직이기 어려운 개별
회사 단위 노조를 대신해 신문노련이 우에무라 기자에 대한 지
지 의사를 표명했다.

하지만 아라사키 기자가 2019년 3월 14일 '관저 앞 행동'에서 토
로했듯, 일본 저널리즘의 현실에 대한 국제사회의 평가는 혹독했

---

79) 세월호 침몰 사고 관련 박근혜 전 대통령의 명예를 훼손한 혐의로 2014년
기소됐으나 법원에서 무죄 판결을 받았다.
80) 야스다 쥰페이는 2018년 석방됐다.
81) 1991년 김학순 할머니의 증언을 토대로 위안부 피해 사실을 기사화해 일본
의 '양심 언론인'이라는 평가를 받았다. 2019년 리영희 상을 수상했다. 일본 우
익으로부터 기사를 '날조' 했다는 공격을 받기도 했다.

다. 국제 비영리단체(NGO) '국경없는 기자회'가 발표하는 언론 자유도 순위에서 일본의 순위는 낮다.[82] 데이비드 케이는 2017년 6월 일본의 '표현의 자유'에 대한 UN 인권이사회 보고에서 일본 기자들은 언론사에 대한 충성심이 강하다며 '기자들끼리 연대는 없는 것처럼 보인다'고 지적했다. 그는 또 '저항하는 저널리스트 개인이 있더라도 작은 압력에 큰 영향을 받아 어려움에 처하게 된다'고 경종을 울렸다.

특정비밀보호법 제정을 비롯해 현실적으로 여러 규제를 강화하는 정치적 요인이 있기는 하지만, 기자 스스로의 노력으로 언론 환경을 개선한다면 신문노련이 그동안 꾸려온 상호 협력 네트워크를 더욱 구체화해 국제적으로도 인정받을 수 있는 길이 있었을 것이다. 내가 신문노련 위원장에 취임한 후 모치즈키 기자 문제를 놓고 전 BBC 일본지국장 윌리엄 호슬리(William Horsley)[83]와 의견을 교환했을 때도 이런 생각을 전했다. 반면 당시 회동에 참여했던 프리랜서 기자는 "어차피 기자클럽에 가입된 언론사 사람들은 네트워크 같은 건 필요하지 않으니까요."라고 지적하기도 했다. 일본의 언론 상황을 우려하는 해외 연구자로부터 같은 지적을 받은 적도 있다. 하지만 나는 그럴 때마다 '언론 환경이 크게 변하고 있다'고 반박한다. 내가 특히 염두에 두는 것은, 일본 자민당에서 미래의 총리 후

---

82) 국경없는 기자회가 발표한 세계언론자유지수에서 일본은 2020년 66위, 2021년 67위를 기록했다. 한국은 두해 모두 42위.

83) 영국 셰필드 대학교의 '언론 자유를 위한 센터' 국제 디렉터이며, 저널리즘의 안전문제에 관한 유럽연합(EU)과 유엔의 성명 초안 작성을 지원했다.

보로 주목받던 고이즈미 신지로[84] 중의원 의원이 언급한 일본 기자
클럽의 현실이다.

고이즈미가 지적한 기자클럽 제도의 무력함

2018년 6월 자민당의 젊은 국회의원들로 구성된 '2020년 이후
경제사회 구상회의'가 국회 개혁을 위한 제언을 정리했다. 많은 언
론사가 관심을 갖고 있던 사안이었는데, 회의를 이끄는 고이즈미
의원이 그 중심에 있었다. 기자회견은 6월 27일 오후 5시로 예정됐
으며, 자민당 취재를 담당하는 기자회 '히라카와 클럽'[85] 회원들에
게는 오후 1시에 미리 자료를 배포하기로 돼 있었다.

모리토모 스캔들에서 문서 조작이 발각된 뒤 고이즈미 의원은
'헤이세이의 정치사에 기록될 큰 사건과 마주하고 있다는 인식을
갖고 있다'고 말했다. 더구나 당시 자민당 총재 선거를 앞둔 터라
그의 움직임은 더 주목받고 있었다. 당연히 히라카와 클럽 기자들
이 '제언' 내용을 중심으로 사안을 추적하고 있었는데, 정작 특종보
도를 한 매체는 신문도 텔레비전도 아니었다. 그곳은 바로 히라카
와 클럽에 가입하지 않은 미국계 인터넷 매체인 버즈피드 저팬이

---

84) 일본 환경성 장관. 그의 아버지는 고이즈미 준이치로 전 총리. 정계의 새로
운 스타로 주목받았으나 쿨·섹시 발언 등으로 논란을 일으켰고, 국내에서는 그
의 발언이 일종의 밈이 되기도 했다.
85) 자민당 본부가 도쿄 히라카와(平河)에 있다.

었다. 사전 자료 배포 전인 오전 11시 45분 송고된 기사의 제목은 「'모리가케[86]'로 정책 논의조차 불가능한 국회. 고이즈미 의원 등 자민당 소장파의 획기적 개혁안은」이었다. 제목부터 획기적이라는 긍정 평가가 나왔다. 인터뷰는 이틀 전 이뤄졌는데, 고이즈미 의원 측이 작성한 '개념도'를 기사에 큼지막하게 넣어 제언 내용을 상세히 보도했다. 기자클럽 기자들은 "고이즈미 신지로가 언론을 고른 것인가."라고 탄식했다.

이미 수레는 지나갔고 먼지(後塵)만 뒤집어쓴 히라카와 기자클럽은 회견 전부터 분개했지만, 소 잃고 외양간 고치는 격이었다. 버즈피드는 기자회견에도 편집장이 직접 참가해 질문했다. 회견 내용까지 담은 추가 보도에서는 앞으로 남은 과제까지 포함해 보도했다. 버즈피드의 압승이었다. 그 후 히라카와 클럽에 가입된 언론사가 '정계 재편의 포석?'이라며 구체적 발표 내용 보다는 정치적 상황에 대한 견해를 전면에 내세운 기사를 내놓자 고이즈미는 불쾌감을 드러냈다. 기자회와 고이즈미 의원 사이 감정의 골은 깊어졌다.

자민당 총재 선거구도가 아베 신조 대 이시바 시게루로 굳어진 2018년 7월 31일, 고이즈미 의원은 카메라 앞에서 기자회 소속 언론사에 대한 불만을 보다 뚜렷이 드러냈다. 니코니코동화 프로그램에 출연한 뒤의 발언이었다. 함께 출연한 오치아이 요이치[87]와 나란

---

86) 모리토모+가케학원 스캔들을 의미함.
87) 1987년생으로 미디어 아티스트이자 교수.

히 선 고이즈미는 이렇게 말했다.

"허구와 같은 프레임을 만드는 곳은 나가타초[88], 가스미가세키[89], 그리고 히라카와 기자클럽입니다. 히라카와, 이 단어의 의미 자체를 일단 모르시죠?"

오치아이가 "무슨 말인지 모르겠군요."라고 대답하자 고이즈미는 이렇게 말했다.

"그 세계의 프레임워크[90]라는 것이 있습니다. 그 프레임워크 속의 논의와 질문, 이를 올바르게 편집한다는 것, 그 모두가 허구입니다. 하지만 그것이 그럴듯하게 보이는 것이 현실입니다. 그런 현실과 저의 생각이 늘 싸우고 있지요."

고이즈미 의원은 만약 니코니코동화가 (정치인) 밀착취재 상황을 실시간으로 내보낸다면, 기존 미디어가 소위 '악마의 편집'을 하는지 하지 않는지, 질문하는 기자가 어느 매체인지, 기자가 누구이고 어떤 식으로 보도됐는지를 알 수 있을 것이라고 말했다. 그러면서 그는 니코니코동화의 나나오 코우(七尾功) 정치담당 부장에게 '지금

---

88) 총리 관저, 국회의사당이 있는 거리로 정치 중심을 일컫는다.
89) 도쿄 지요다구에 있는 관청이 즐비한 곳.
90) 어떤 일에 대한 판단이나 결정 따위를 위한 틀.

의 밀착취재를 TV프로그램처럼 방송해주면 사람들에게 전달되는 것이 분명히 있을 것'이라고 요청했다.

아베마TV를 잡아라

그래도 고이즈미 의원은 비판받을 것이 확실한 상황에서도 언론 취재에 응하는 편이었다. 참의원 정수를 6명이나 늘리는 '공직선거법 개정안' 표결 당시, 당초 이를 반대했던 자신의 입장을 억누르고 찬성표를 던졌을 때가 그랬다. 여러 의원들이 TV카메라에 쫓기는 와중에 심지어 도망친 자민당 의원도 있었는데, 고이즈미는 기자들의 질문이 멈출 때까지 대답을 계속했다.

고이즈미와 비교하면 다른 정치인들의 언론 회피는 심각한 수준이다. 2018년 5월 21일 자민당 본부에서 열린 '당 정치제도개혁실행본부' 임원회의에서는 모리토모·가케학원 문제나 당시 재무차관의 성희롱 등 잇따른 아베 정권의 문제가 보도되는 상황을 두고서 젊은 의원들이 '저렇게 자주 (비판적) 영상이 나오면 나도 반(反) 아베가 될 것'이라고 불만을 토로했다.

일부 소장파 의원들은 "아무리 신문이나 TV에서 말해도 효과가 없고 시대에 뒤떨어진 것이 된다.", "언론에 아무리 말해도 좀처럼 우리의 활동을 다뤄주지 않는다. 아베마TV 오후 9시 시간대를 독점할 정도로 계속 파고들어야 한다."라는 등의 제안을 내놓았다. 아베마TV는 아마도 아베 총리가 2017년 10월 중의원 선거 전 오후 9시부터 1시간 동안 출연했던 것을 염두에 두고 나온 언급이었다. 사실 이런 기류는 집권 여당뿐 아니라 사회 전체적으로 확산되고 있었다.

정보의 출구를 매스미디어가 독점하던 시대만 해도 기자클럽에 소속된 기존 미디어는 취재처와 관계에서 일정한 교섭력을 갖고 있었다. 하지만 이제는 당사자가 SNS를 통해 자유롭게 글과 영상을 올릴 수 있는 환경이 되었고, 기존의 규칙이나 표현법을 지키지 않는 인터넷 미디어도 정치가에 의해 선택되는 시대로 접어들면서, 기자회 소속 언론사의 협상력은 현격히 떨어지고 있다. 정치인 입장에서는 굳이 자신의 뜻에 맞지 않는 언론사를 상대할 필요성이 없어진다는 의미다. 앞서 말한 총리실 기자회견 등 공식적인 취재 기회가 점점 줄어드는 상황은 기존 언론과 취재처의 역학 관계 변화에 발맞춰 진행되고 있다.

기존 권력 균형의 붕괴

역학관계의 변화는 비단 정치 분야에서만 벌어지는 일이 아니다. 다양한 취재 현장에서 기자들이 공통적으로 직면하고 있는 현실이다. 거기에 언론을 불신하는 시민으로부터 '기레기'로 불리게 되면서, 이러지도 저러지도 못하는 상황 속에서 기자들은 자신감을 잃어가고 있다. 언론이 그동안 유지해온 권력 균형의 구조 자체가 전반적으로 무너지는 것도 사실이다. 내가 일하는 정치부 취재 현장을 예로 들면, 그동안 총리실 기자회와 여당 및 야당 기자회는 서로의 취재 내용을 체크하고, 개별 기자는 자기가 맡은 중요 인물을 잘 마크하기만 하면, 정치부의 보도가 전체적으로 균형을 유지할 수 있었다.

하지만 아베가 총리를 지내는 동안에는 총리 관저 주도로 사업이 추진되는 경향이 강해지면서 여당인 자민당에 의해 사안이 좌우되는 일은 거의 없어졌다. 물론 야당이 영향력을 행사하는 일도 상정하기 어려운 상황이었다. 결국 총리 관저의 핵심 인물이 주는 정보에 의존하는 경향이 강해졌다. 아베 정권에 앞선 장기 정권인 고이즈미 정권도 '총리 관저 주도'라는 말을 들었지만, 당시에는 아직 모리 요시로(森喜朗) 전 총리나 '킹메이커'로 불린 아오키 미키오(靑木幹雄) 당시 참의원 의원 회장 등 실력자들이 여당 내에 있었다.

또 총리 관저 주도로 정책을 결정하는 과정에서 최대의 '무대 장치'였던 '경제재정자문회의'[91]만해도 의사록이 며칠 후에 공개되었기에 논의를 검증하는 것이 가능했다. 하지만 지금은 모든 것이 공개되는 방식으로, 사안이 결정되는 경우는 드물고 거대해진 '내각 관방'에서 차례대로 사안을 결정하는 실정이다. 결국 총리 관저의 영향력만 커진 것이다.

게다가 자민당의 장기집권이 지속되는 가운데 권력 감시와 균형에 큰 역할을 해 온 사법 분야에도 강한 총리실의 영향이 미치게 되었다. 유명 저널리스트인 오타니 아키히로(大谷昭宏)는 저서 『가케 학원 문제를 해부하다』에서 이렇게 지적했다.

---

91) 고이즈미 당시 구성되어 총리의 영향력을 최대화했던 기구.

"모리토모 스캔들과 가케 학원 문제는 두 개의 권력 감시 시스템을 파괴하는 데까지는 가지 않았지만, 권력을 크게 왜곡시키고 변질시켜 버렸다. 하나는 언론이다. 다른 하나는 검찰, 그 중에서도 도쿄와 오사카 지검 특수부의 수사력에 토대를 둔 사법 시스템이다. 모리토모 · 가케 학원 문제에서는 언론과 검찰, 이 두 가지가 미묘하게 연동되며 함께 변질되어 버렸다. 사실 이것은 기자들에게도 불행이라고 말할 수 있다. 과거 록히드 사건[92]이나 리크루트 사건[93]의 예를 들 것도 없이, 사법부의 수사가 시작되면 그동안 권력에 찰싹 달라붙어 있던 언론사도 그대로 있을 수만은 없게 된다. 이제 기자들은 어제의 친구도 무엇도 아니게 되는 것이다. 모리토모 · 가케 사건도, 정권의 악덕도 예전이었다면 철저히 밝혀냈을 것이다. 다른 언론사에 순순히 뒤쳐질 수는 없는 노릇이기 때문이다."

오타니의 지적처럼 원래는 사법 권력을 밀착 취재하는 언론사 사회부가 현실적, 구조적으로 권력의 견제를 담당해왔다. 그런데 공문서 조작 사건이 벌어졌을 때, 검찰은 재무성으로부터 철저하게 증거물을 압수하는 강제 조사조차 하지 않고 '증거에 근거해' 당시 재무성 이재국장을 맡았던 사가와 노부히사 전 국세청 장관에 대해

---

92) 미국의 방산업체 록히드가 항공기를 판매하기 위해 여러 나라에 뇌물을 뿌린 사건. 일본의 경우 다치바나 다카시의 특종 기사로 사실이 폭로된 뒤 당시 총리였던 다나카 가쿠에이가 구속되기도 했다.
93) 정보업체인 일본의 리크루트사가 회사의 미공개 주식을 정관재계 인사들에게 제공한 사건.

불기소 처분을 결정했다. 즉 법무성을 통해 총리의 뜻이 수사 현장에 영향을 미친 것이다. 이는 정치권력을 감시, 견제해온 사회부의 전통적인 보도 방식을 흔들었다.

아베 담당 기자였던 저널리스트의 준강간 혐의 체포영장 집행이 보류되었을 당시 피해자였던 이토 시오리가 자기 얼굴까지 공개하면서 피해를 고발하는 기자회견을 해도, 기존 언론사들은 거의 보도하지 않으면서 언론에 대한 불신을 불러 일으켰다. 물론 억울하게 가해자로 몰리는 일을 막기 위한 무죄 추정 원칙은 언론사가 소중히 여겨온 것이지만, 과연 사법기관이 권력으로부터 독립되어 수사를 하고 있는 지는 의문이다. 경찰, 검찰, 법원이 정치 권력으로부터 독립된 존재라는 '환상' 속에서 사법부의 판단을 뒤쫓아 보도하는 행태는 지금껏 계속되어 왔다. 그러나 이제는 '1강(一强)'이 되어버린 정치 권력의 개입에 침묵하는 사법의 실태, 그 구조 변화를 직시할 필요가 있다.

굴복한 일본변호사 연합회

2017년 1월 13일 일본변호사연합회(이하 일변연)가 추천했던 오하시 마사하루(大橋正春) 외 1명이 최고재판사[94]에서 퇴임했을 때의 일이다. 후임으로 와세다대 대학원 법무연구과 교수인 야마구치 아

---

94) 우리의 대법관에 해당된다.

쓰시(山口厚)와 전 외무성 조약국장 하야시 게이이치(林景一)가 선정됐는데, 관례와 달리 일본변호사연합회가 추천한 사람은 포함되지 않았다. 임명안에 대한 각의(국무회의) 의결로부터 엿새가 지나고 2017년 첫 일변연 이사회가 열렸다. 나카모토 가즈히로(中本和洋) 당시 회장의 경위 설명이 끝나자 "성명을 발표할 예정입니까?"라는 항의성 질문이 날아들었다. 나카모토 회장은 "지금으로서는 예정이 없습니다. 오랜 관례가 깨진 것을 유감스럽게 생각합니다. 하지만 야마구치는 변호사입니다. 전체적으로 변호사 T.O.⁹⁵⁾가 줄어든 것은 아니라고 이해하고 있습니다. 향후 야마구치의 후임을 뽑을 때도 역시나 변호사를 추천하려 합니다."라고 대답했다.

그때까지 대법관은 직업 법관 출신 6명, 변호사 출신 4명, 검사 출신 2명, 외교관을 포함한 관료 출신 2명, 학자 출신 1명 등 총 15명이라는 기본 틀이 대체로 유지되어 왔다. 일본 헌법 79조에 따르면 판사 임명권은 내각에 있다. 그리고 70세 정년을 맞이하기 전 해당 판사가 속한 출신 기관에서 후임을 추천해온 관례가 있다.

과거에는 도쿄 3개 변호사회 및 오사카변호사회 등 총 4곳의 변호사회가 돌아가며 변호사 출신에 할당된 네 자리 추천인을 결정했다. 일변연은 이런 방식을 개선해 보다 투명한 인선을 위한 공모제를 도입했다. '시민적 감각과 기본 인권 옹호를 지닌 사람', '소수 의견도 반영하는 적극성이 인정되는 사람' 등 추천 기준도 마련되어 있었다. 오하시가 퇴임할 때도 단체에서는 1년 전부터 후임 선정을

---

95) 일정한 규정에 의해 정한 인원.

시작했다. 그 결과 7명을 추천했지만, 학자 출신으로 지난해 변호사 회에 갓 등록한 야마구치에게 '지정석'을 빼앗긴 것이다. 나카모토 회장은 1월 19일 이사회에서 경위를 설명하면서 이런 결정이 '아베 총리의 뜻'이었음을 은연중에 내비쳤다. "지금보다 넓은 범위에서 후보자를 모집하고 싶다는 아베 정부의 의향이 있었습니다. 최고재판소는 일변연이 추천한 후보자 가운데 선정된 인사들에 야마구치를 더한 후보자 명단을 정부에 전달했고, 결국 야마구치가 뽑혔습니다." 총리실 측 간부는 일변연의 설명이 대체로 사실 관계에 부합한다고 인정했다. "결국 내각이 책임지는 사안입니다. 내각이 많은 후보자들 가운데 적임자를 뽑는 것은 자연스러운 일입니다."

일변연은 그동안 집단적 자위권 행사를 용인하는 안전보장 관련 법[96]이나 2017년 국회에 제출된 공모죄 법안[97]을 두고 정부에 반대하는 입장의 중심에 있었다. 그래서였을까, 총리실에서는 일변연을 이익단체의 하나로 여기는 시각도 있어서인지 단체의 입장에 개의

---

96) 타국에 대한 공격을 자국에 대한 공격으로 판단해 이에 대응한 무력행사를 할 수 있는 권리를 집단적 자위권이라고 한다. 현재 일본은 2차 세계대전 패배 이후 헌법 9조를 통해 군대 보유와 교전권을 부정하고 있으나 안보관련법에 의거해 한정적으로나마 자위권을 행사할 수 있는 길을 열었다는 평가를 받는다.
97) 범죄를 실행하기 위한 논의 자체를 처벌하는 법안. 과거에는 내란과 같이 국가적으로 중대한 사안인 경우에만 예외적으로 '공모' 단계에서 처벌이 가능했으나, 이 법에 의해 처벌 가능 범위가 대폭 확대됐다. 처벌 범위가 늘어남에 따라 당국의 감시 활동도 확대될 여지가 커서 개인의 사생활 침해가 심해질 수 있다는 시민단체와 야권의 비판이 이어졌으나, 아베 정부는 '테러 대책법안'으로 명칭을 바꿔 끝내 강행 통과시켰다.

치 않는 모습을 보였다.

1994년 전 노동부 부인소년국장 다카하시 히사코(高橋久子)를 첫 여성 대법관으로 임명할 당시, 호소카와 모리히로 총리가 '총리실 주도' 인사를 밀어붙인 사례가 있었다. 입법, 사법, 행정의 삼(三)권 가운데 입법에서는 도이 다카코(土井多賀子) 전 중의원 의장(2014년 타계)이 있었고, 행정에서는 3명의 여성 각료가 취임했다. 하지만 유독 사법 부문에서만 유리 천장이 깨지지 않다가 다카하시가 임명되면서 겨우 삼권의 최고위직 또는 요직에 여성이 취임한 것이다. 그래도 이때까지는 내각에 재량권이 있는 행정 관료 자리였다.

대법원에서 인사를 담당했던 전직 인사는 아베 내각의 인사에 대해 '분명 이례적인 일'이라며 "(직업 재판관 입장에서 보면) 변호사회 추천인 가운데에도 여러 다양한 생각을 가진 사람들이 있지만, 역시 대법원은 다양한 국민의 목소리를 반영할 수 있도록 해야 한다."라고 지적했다.

대법원 인사에 관여했었던 사람들에 따르면, 변호사회가 5명 정도의 추천인 명단을 올리면, 이후 대법원이 변호사회가 매긴 순위의 일부를 바꿔 총리실에 전하는 경우는 있어도, 결국은 변호사회가 제안한 명단의 범위 내에서 인사가 결정되었다. 2002년 고이즈미 내각 당시 사법제도개혁추진본부에서 제시된 '최고재판소 재판관 임명에 대해'라는 문건에는 이렇게 적혀 있다.

"대법관 임명은 대법원장의 의견을 듣고 내각 차원에서 결정한다… 대법원장에게 의견을 묻는 것은 대법원 운영 상황에 입각한 인사가 되는데 만전을 기하기 위해 관례로 삼아 행한다… 대법원장의 의견은 일반적으로 출신 분야, 복수의 후보자 명단 및 최적 후보자 등에 관한다."

즉 내각 임명이라는 제도를 존중하면서도 대법원이 최적의 후보자를 상세히 결정해 요청하는 것이 그간의 관례였지만 아베 정권에서는 그것이 깨졌다. 하지만 야마구치 임명을 취재하면서 나는 제2차 아베 내각에서 이번 '일변연 제외' 사건이 빚어지기 훨씬 전부터 이 관례가 무너져왔다는 것을 알게 되었다.

2012년 발족한 아베 내각이 본격적인 궤도에 오를 무렵, 내각에서 인사 조정을 담당하는 스기타 가즈히로(杉田和博) 관방 부장관은 최고재판소의 인사 담당자에게 "(후보자를) 한 명이 아니라 두 명을 가져오면 좋겠다."라고 요구했다. 이 때 퇴임이 결정된 것은 지방법원과 고등법원의 재판관을 지낸 직업 법관 출신 판사였다. 대법원이 종전처럼 최적임 후보자 1명을 제시했는데, 내각이 더 요구한 것이다. 대법원도 이를 받아들여 복수의 후보자를 제시했고 이 가운데 총리실이 결정하는 형태로 바뀌었다.

대법원(사법)은 국회(입법)와 내각(행정)을 견제함으로써 삼권 분립의 한 축을 담당하고 있지만, 사법부의 약점은 장관(우리의 대법원장) 인사의 열쇠를 내각이 쥐고 있다는 점이다. 과거 노동 소송 등을 둘러싼 대법원의 판단에 자민당이 불만을 품고 있던 1969년, 아베의 작은할아버지 사토 에이사쿠 전 총리가 주목받던 진보 인사인 다나카 지로(田中二郎)가 아닌 보수파인 이시다 가즈토(石田和外)를 대법원장에 임명한 적이 있었다. 5대 대법원장으로 취임한 이시다는 "극단적인 군국주의자, 무정부주의자, 확실한 공산주의자는 법관으로 활동하는 일에 한계가 있지 않나."라고 공공연히 말했다. 그리고는 진보적 경향이 강했던 청년법률가협회 소속 재판관을 하나둘 배제했다. 그 까닭에 이후 대법원의 판례도 '자민당 편향'으로 쏠리게 됐는데, 이는 지금도 '블루퍼지'[98]의 흑역사로 불리고 있다.

『일본의 최고재판소』라는 책을 낸 이치카와 마사토(市川正人) 리츠메이칸대 법과대학원 교수는 "대법원은 권력도 돈도 없다. 오직 권위만 믿고 정치권력에 맞서야 한다."라고 말했다. 그는 2000년대 이후 대법원이 권력의 반격을 받지 않고 간발의 차이로나마 위헌 판결을 내리려는 모습이 보이는 것은 긍정적으로 평가할 만하다고 했다. 다만 '그렇다보니 막상 대법원 인사에 정부가 개입할 경우 대법원이 정치 권력에 과도하게 다가서지 않을까가 걱정'이라고 지적했다. 그는 또 "오직 '권위'밖에 없는 대법원이 버틸 수 있을지는, 국민들로부터 '정권이 하는게 이상하다'는 목소리가 높아질 지에 달려있다."라고 강조했다.

실제 아베 총리는 2015년 안전보장 관련법이 국회 심의를 거치던 과정에 주일미군의 합헌성이 문제가 된 스나가와(砂川) 사건[99]을 언급하며 "1959년 대법원 판결은 합헌 근거가 충분하다."라고 재차

---

98) 청년의 'blue'에 'purge'(몰아내다·제거하다)를 합친 단어.
99) 미군 비행장 확장 반대운동을 벌이던 농민 시위대가 체포된 사건으로 1심에서 무죄가 나왔으나 최고재판소에서 유죄 취지로 파기환송했다.

주장했다. 전직 고등법원 판사는 "앞으로 아베 정부가 추진하는 안보법에 반대하는 사람을 일변연이 추천하기는 어렵지 않겠느냐."라고 우려했다.

2019년 2월 대법원 인사는 각의 결정에 따라 착착 진행되었다. 대법원 재판장과 판사 15명은 전원이 아베 내각이 임명한 멤버로 교체됐다. 멤버 중에는 2016년 6월 문제가 된 가케학원의 감사였던 기자와 가쓰유키(木澤克之)도 포함됐다. 과거 권한이 막강했던 사토 에이사쿠·고이즈미 준이치로 내각에서도 해당 정권에서의 대법관 임명은 14명에 그쳤다. 행정부 수장에 그치지 않고 '입법부 수장'까지 자신이 맡고 있는 것처럼 말하고 행동하는 아베, 그의 재임 기간 행정부 수장인 총리의 3권 장악력은 강화 일변도였다. 언론은 이런 현실을 직시하고 강해지는 정치권력에 맞서 새로운 태세를 구축해야 한다.

프리랜서 기자들의 불신

사법부의 독립성에 있어서 이치카와가 "국민의 목소리가 높아지는가에 달려있다."라고 지적했지만, 미디어도 같은 역할을 해야 한다. 하지만 일본에서 나처럼 기성 언론사에 몸담은 기자들과 그렇지 않은 프리랜서 기자, 그리고 일반 시민 사이의 '단절'은 심각하다. 특히 내가 몸담은 신문노련이 관저 기자회견 문제에 대해 성명을 냈을 때 줄곧 고민했던 것이 바로 프리랜서 기자와의 관계였다.

'기자회'라는 벽에 막혀 '기자회견'과 '발표자료'라는 공적인 취재 기회에서도 프리랜서들은 종종 배제되어 왔기 때문이다. 일반적으로 기자회에만 기자회견과 발표 자료가 주어진다.

프리랜서 기자들은 트위터 등을 통해서 "기자클럽은 같은 편의 권리를 지키고 있을 뿐이다.", "먼저 기자클럽의 해체가 우선."이라고 끊임없이 지적했다. 기자회가 허가한 프리랜서 기자의 출석조차 좀처럼 되지 않던 방위성 장관 기자회견을 둘러싼 갈등도 컸다. 3월 14일 신문노련이 '관저 앞 행동'을 하기 몇 시간 전, 프리랜서 저널리스트인 스가노 다모쓰(菅野完) 기자는 이에 대한 신문노련의 입장이 무엇인지를 물었다. 나는 2010년 신문노련이 정리했던 제언을 바탕으로 이렇게 답했다.

"신문노련은 기자회견을 프리랜서 기자 등에게도 전면적으로 개방할 것을 주장하고 있습니다. 이 방침은 어제의 임원회의에서도 확인했습니다. 또한 이번 '관저 앞 행동'은 당연히 프리랜서 기자도 포함한 '알 권리'가 주제입니다. 신문노련에는 프리랜서 기자들도 소속돼 있으니까요."

스가노 기자는 모치즈키 기자의 취재 기법에는 비판적이라면서도, 자신이 가진 여러 생각은 잠시 뒤로한 채 "오늘 모임에 함께 하겠습니다."라고 말했다.

취재처에서는 점차 무력해지고, 프리랜서 기자나 시민에게는 불신의 대상이 되는 기자클럽 제도이지만, 나는 '기자회는 해체하면 그만이다'라는 의견에 동조할 생각은 없다. 앞에서도 언급했지만 2018년 11월 도널드 트럼프 전 대통령의 기자회견을 둘러싸고 백악관에서 CNN 기자의 출입을 정지시켰을 때, 트럼프와 긴밀한 관계에 있는 폭스뉴스도 이의 제기에 함께했고, 백악관 기자협회 차원에서 CNN 기자의 복귀를 요구했다. 신문노련은 당시 「CNN 기자의 조기 복귀를 요구한다-CNN 및 백악관 기자협회와 연대한다」는 제목의 성명을 냈다. NHK에서도 대대적으로 보도된 미국 기자클럽의 연대 움직임을 일본 언론의 상황을 개선하는 지렛대로 삼고 싶었기 때문이다.

신문노련과 대담에서 마틴 패클러[100]는 권력자에 대한 '워치독(watch dog)', 즉 견제 기능을 철저히 하려면 경쟁 언론사라도 서로 협력해 압도적 힘이 있는 권력자에 대항해야 한다고 말했다. 그는 "선배들의 여러 실패에서 배운 교훈이 그렇다."고 강조했다. 마에카와 기헤이(前川喜平) 전 문부과학 사무차관은 대담에서 언론사 간의 단결 사례로 사토 에이사쿠(佐藤榮作) 총리 퇴임 기자회견을 예로 들기도 했다.[101]

"일본에서는 기자에 대한 공격이 있으면 모두가 자신에 대한 공

---

100) 미국 뉴욕타임스의 도쿄 지국장을 역임했으며 일본을 거점으로 세계 각국을 취재했다.
101) 1972년 사토 에이사쿠 당시 일본 총리는 물러나는 날 회견장에서 "그동안 너무 시달렸다."면서 "신문 기자들은 나가 달라."고 말했다. 그는 결국 아무도 없는 회견장에서 TV 카메라만을 앞에 두고 퇴임사를 읽었다.

격이라고 생각하는 풍조가 있습니다. '신문 기자는 나가달라'고 요구한 총리의 말을 듣고 분노가 폭발한 신문 기자들이 전부 나갔습니다. 당시 산케이신문 기자가 남겠다거나 하지는 않았습니다."

일본에서 기자클럽이라는 발판을 해체했을 때 이득을 보는 것은 언론 선별을 자유롭게 할 수 있게 되는 권력자다. 예컨대 아베 정권 하에서는 기자클럽 대신 '아베 클럽'이 탄생할 뿐이다. 하지만 기자클럽도 언론사라는 틀이나 입장의 차이를 넘어 프리랜서 기자들도 공유할 수 있는 공공의 취재 기회를 확보해 나가야 한다. 우선 권력자들이 제대로 된 정보를 공개하도록 만든다는 '원점'으로 되돌아갈 필요가 있다.

개별 언론사 하나하나가 일정한 영향력과 경쟁력을 가지던 시대는 지났다. 무엇보다도 일본의 정치권력은 헤이세이 30년간의 정치·행정 개혁을 통해 권력 '1강(一强)' 체제를 완성했다. 이렇게 강해진 권력에 맞서면서 국민의 '알 권리'에 이바지하기 위해서는 언론이 스스로 '약함'을 자각하고, 새로운 네트워크를 구축해 공통의 토대를 넓혀가지 않으면 안 된다. 사회부 소속으로 내각 기자회에는 소속되지 않은 모치즈키를 둘러싼 문제는, 프리랜서까지 포함한 여러 기자들을 위한 새로운 공적 취재 기회에 대한 합의를 만들어가는 과정에 반드시 극복해야 하는 과제다.

네트워크 구축 그리고 여성의 힘

언론에서 네트워크 모델을 만드는 데 있어서, 원동력이 되는 주체는 여성이다. 2018년 4월 후쿠다 준이치 당시 재무사무차관의 TV아사히 기자에 대한 성폭력 문제를 계기로 '언론 종사자 여성 네트워크'가 결성돼 현재 100명이 넘는 사람들이 참여하고 있다. 결성 당시 중심적 역할을 맡았던 하야시 요시코(林美子) 전 아사히신문 기자는 2018년 5월 15일 기자 회견에서 이렇게 출범 취지를 밝혔다.

"안타깝게도 출입처나 소속 조직 내 성희롱은 여전합니다. 지금까지 언론계에 종사하는 여성들은 출입처와의 관계가 깨질까 봐 목소리를 높이지 못했습니다. 우리는 이런 '들리지 않는 소리'의 당사자이기도 했습니다. 이번에 여성 기자의 고발에 우리는 용기를 얻었습니다. 지금이야말로 모든 인권 침해를 없애야 할 때라고 생각합니다… 이제 여성 저널리스트들이 직능 단체로서 네트워크를 형성했습니다. 언론계의 여성이 각자의 능력을 발휘해 정치, 경제, 문화 등 모든 분야에서 활발히 보도해 나감으로써 다양한 시각을 사회에 제공할 수 있습니다. 이는 여성뿐만 아니라 모두가 살기 좋은 사회를 만드는 것과 직결됩니다. 언론을 바꾸는 것으로서 사회를 변화시켜 나가겠습니다. 일하는 방식의 차이, 소속된 조직의 차이를 뛰어넘어 더욱 바람직한 사회를 만들기 위해 노력하겠습니다."

2018년 9월 필자가 신문노련 위원장에 취임한 이래 우리의 프로젝트를 뒷받침해온 사람들도 사실 여성 네트워크 멤버다. 여성의 목소리를 의사 결정에 제대로 반영해 새로운 시대의 저널리즘 네트워크를 구축하려 2019년 1월 24일 신문노련 중앙집행위원회에 한 제도의 신설을 제안했다. 단체에 특별중앙집행위원 형식으로 10명의 여성 임원을 두는 것이었다. 뜻이 있는 여성들이 공모를 통해 임원이 되는 방식이었는데, 이는 적어도 임원의 30% 이상을 여성이 맡도록 하기 위한 개혁이었다. 이런 변화를 끌어낸 것은, 투표에 앞서 조합원들의 의견을 받기 시작한 후 3일 만에 쏟아진 100여명 여기자의 비통한 호소의 목소리였다.

"신문사는 아직도 '남성 사회'이다보니 여성 관리직은 압도적으로 소수입니다. 편집국에서는 매일 고위 간부들 주관으로 회의가 열리지만, 거의 40~50대 남성이 지면 구성을 결정합니다. 이런 모습을 볼 때면 신문이 젊은 세대로부터 버림받는 것도 당연하다는 생각이 듭니다. 제 자신도 여기에서 계속 일을 할 수 있을지, 과연 미래가 있는 것인지 불안합니다. 신문사가 젊은 세대들이 선택하는 직장이 되는 것, 신문이 젊은 세대의 중요한 정보의 원천이 되는 것, 진정한 저널리즘을 실현하는 장소가 된다는 것은 '여성이 일하기 좋은 직장이 된다'는 것과 동일하다고 해도 과언이 아니라 생각합니다."

대의원 투표 결과 찬성 121표, 반대 5표, 기권 4표가 나왔고 이를 통해 7월 정기대회 때부터 신문노련에서 여성 임원이 대폭 늘게 되었다. 재무차관 성희롱 사태로부터 1년이 지난 2019년 4월 15일, 신문노련 등으로 구성된 '일본매스컴문화정보노조회의' 주최로 '지금 나아가자 성희롱 없는 사회로'라는 행사를 열었다. 16명이 단상에 올라 일본 사회의 여러 곳에서 일어나는 성희롱 피해 실태를 보고했는데, 버즈피드 재팬의 후루타 다이스케 편집장은 이렇게 말했다.

"젠더 평등 의식이 낮은 업계가 두 곳 있습니다. 하나는 정치계, 다른 하나는 언론계입니다. 남성의 수가 압도적으로 많아 성 평등에 대한 시각이 없다고 해도 좋을 정도입니다. 언론계에서 종사하는 여성 기자는 남성 기자와 비교가 안 될 정도로 공격을 당하기 쉽습니다. '여자 주제에 건방지다'는 비판을 받아도, 정작 그 여기자의 상사는 '뭐, 어쩔 수 없지'라는 반응을 보입니다. 자기 언론사 구성원조차 지킬 수 없는 거죠. 사회에게 메시지를 전달하는 언론계에 그런 일이 있어서는 안 됩니다. 언론계 자체가 바뀌지 않으면 안 됩니다."

집회 이후 나에게 말을 걸어온 많은 참석자들은 "스가 관방장관의 기자회견 문제 때, 만일 모치즈키가 남자 기자였다면 과연 똑같은 일을 당했을까?"라고 입을 모았다.

조직의 위기를 넘어서라

신문노조 중앙집행위원회는 2019년 3월 13일 스마트뉴스의 세오 마사루 미디어 연구소장을 초대해 의견을 나눴다. 세오 소장은 신문업계의 현 상황에 대해 '신뢰의 위기'나 '비즈니스의 위기'에 더해 두 가지 '조직의 위기'가 있다고 지적했다.

"새로운 것에 도전하라고 하는데, 진짜 도전이란 '실패하라'는 것과 같은 말입니다. SNS에서의 실패까지도 자양분으로 삼는 문화로 바뀌지 않으면 안 됩니다. 또 언론인들은 자신들이 하는 일이 사회에 도움이 되고 있다고 생각하지만 그것을 알기 쉽게 언어로 표현하지 않았습니다. 즉 사회와의 커뮤니케이션이 부족했습니다."

스가의 기자회견 문제에 대해 트위터나 강연 등을 통해 시민들과 직접 소통하는 모치즈키는 지지를 받았다. 그러나 문제에 침묵하고 그저 폭풍우가 지나가기를 기다리고 있는 것 같은 기존 언론사 조직은 '불신의 소용돌이'에 빠져 있다. 그 차이는 바로 '커뮤니케이션'에 있었다.

앞으로 언론사 간부에게는 사내에만 국한되는 조정 능력뿐만 아니라, 대외와의 커뮤니케이션 능력이 자질로 요구될 것이다. 예를 들면 '편집국장이 되기 위해서는 트위터 팔로워가 10만 명은 있어야 한다'와 같은 요건을 부과해도 좋을 것이다. 버즈피드 재팬의 후루타 편집장[102])처럼 신문사를 한 번 떠난 후, 인터넷 매체의 편집장으로 활약하고 있는 인재가 다시 신문사 사장이나 편집장으로 복귀할 수 있는 유연한 인사 제도가 필요하다는 지적도 있다.

물론 모치즈키가 하는 일이 전부 완벽하다는 의미는 아니다. 그를 저널리스트의 귀감으로 보거나 신격화하는 것도 바람직하지 않다. 하지만 지금까지 벌어진 '모치즈키 문제'를 되돌아보면 언론이 극복해야 할 과제가 산적했다는 점은 분명하다. 언론사가 개혁을 통해 새로운 지평을 열 수 있을 것인가, 아니면 '관성의 법칙'에 이끌려 그대로 가라앉을 것인가. 지금 언론은 그 기로에 서 있다.

---

102) 전 아사히신문 기자.

총리 관저가 기자의 질문을 제한한 초유의 사태에 항의하기 위해 열린 '관저 앞 행동'으로부터 보름 정도 지난 2019년 4월 5일, 신문노련 등 언론 노조들이 만든 '일본 언론문화정보노조회의'의 시위 현장에 「NHK스페셜」의 취재진이 찾아왔습니다.

취재진은 헤이세이(平成) 시대의 '정보 혁명' 속에 언론 정보의 가치가 상대화하며 그 지위가 크게 흔들리는 현실을 추적하고 있었습니다. 집회가 끝나자 뉴스7의 진행자로 친숙한 이노우에 유우키(井上裕貴) 아나운서가 질문했습니다. 이노우에 아나운서는 "알 권리라는 말이 아무래도 공허하게 들리는 것 같습니다."라고 운을 뗐습니다.

시위에 참가해 준 동료들을 생각하면 착잡한 이야기였지만 중요한 지적이었습니다. 저는 이렇게 대답했습니다.

"국민들은 '기자들이 질문을 하는가, 하지 않는가'를 포함해 전부를 지켜보고 있다고 생각합니다. '스스로 생각을 고쳐먹지 않으면 앞날은 없다'는 점도 중요하다고 봅니다."

정보가 넘치는 지금, 페이스북과 구글을 비롯한 각종 인터넷 플

랫폼은 알고리즘을 활용하면서 기존 언론 매체보다 훨씬 더 개인의 흥미와 관심을 충족시키는 기사를 노출하고 있습니다. 그래서 많은 사람들은 이미 '알 권리'가 충족된 것처럼 느끼고 있습니다.

반면 언론사는 정보의 '출구'를 독점함으로써 권력자에 맞서 일정한 협상력을 유지하던 기존의 모델이 붕괴되면서 어려움에 처했습니다. 취재 과정이 그대로 노출되다보니 반대로 기자가 시민의 감시 대상이 되며 자신감을 잃기도 합니다. 약 30년간 이어진 헤이세이 시기 '정보 혁명'이 진행됐고, 총리에게 권한을 집중시키는 '정치·행정 개혁'도 이뤄졌습니다. 그러나 언론은 여전히 쇼와 시대의 모델에 머물렀습니다. 더 강해진 권력으로부터 정보를 끌어내기 위한 구조 개혁을 소홀히 했던 겁니다.

이 책에서 다룬 도쿄신문의 모치즈키 이소코 기자를 둘러싼 문제는 이런 모순이 터져 나온 결과입니다. 모치즈키 기자를 둘러싼 사건은 트럼프의 기자회견 때 CNN 기자가 마이크와 기자증을 빼앗긴 것과 같은 '화려함'은 없습니다. 어찌 보면 작은 문제로 비칠지도 모릅니다. 신문사의 간부나 한 시대를 만들어 온 베테랑 기자라면 '쓸데없는 풍파를 일으키지 말았으면'하는 생각에 눈살을 찌푸릴지도 모릅니다.

2019년 봄 40대가 된 저의 입장에서도 현장 기자로 뛸 기간이 앞으로 5년 정도 남았다는 점을 생각했다면, 이런 책을 쓰기보다는 구시대적인 쇼와 스타일을 유지하면서 문제를 외면하는 편이 나았을지도 모릅니다. 하지만 이대로는 미래 세대를 이끌 수 없습니다. 그래서 발밑을 도려내는 심정으로 개혁의 방향성과 실마리를 찾으려고 했습니다.

이 책에서 다룬 총리 관저를 중심으로 하는 정치부 기자의 취재 현장보다 더 혹독한 현장이 있습니다. 바로 헤노코 등 미군기지 건설이 잇따르는 오키나와입니다. 오키나와의 히가시무라(東村)의 다카에 지구 주변에서 강행된 미군 헬기 착륙대[103] 이전 공사 현장에서는 '국가의 정책'이라면서 헌법을 무시한 경찰의 만행이 이어졌습니다. 상황을 감시하던 현지 미디어인 오키나와 타임스와 류큐신보(琉球新報) 기자가 기동대에 붙들려 구속되는 사건도 있었습니다.

권력의 폭주에 맞서 두 신문이 지면을 통해 항의하며 필사적으로 물고 늘어지는 상황이 계속되어 왔습니다. 헤노코의 신기지 건설 현장으로 향하는 버스 안에서 당시 오키나와 타임스 편집 위원이었던 노아베 다케시 기자는 힘주어 말했습니다.

"만약 어딘가로 억지로 떠밀렸다면 원래의 자리로 되돌려야만 합니다. 내버려두면 상황은 고착화할 것입니다."

이 책의 제목 '보도 사변'은 출판사가 제안했습니다. 저는 만주사변[104]과 같은 역사처럼 '작은 사건'이 돌이킬 수 없는 '사변'이 되지 않았으면 하는 염원을 담아 책을 썼습니다. 노조 위원장으로 취임

---

103) 헬리콥터나 드론 등의 수직 이착륙을 위한 비행장.
104) 일본 제국의 관동군이 1931년 만주 침략을 위해 벌인 전투. 침략의 명분을 쌓기 위해 스스로 만철(滿鐵) 선로를 폭파하고 이를 중국 측 소행으로 조작했다. 이런 침략 행위는 1937년의 중일전쟁과 1941년의 태평양전쟁으로 확대된다.

한 이래 전국의 신문노련이나 언론노조 동료들과 나눈 이야기를 정리한 것이 이 책입니다.

출판을 권해 준 아사히신문 출판의 마츠오 신고, 미숙한 위원장인 저를 지지해 주신 동료 여러분, 그리고 가족에게 이 자리를 빌려 감사드립니다. 일본의 언론이 바뀔 수 있을까요. 그렇지 않으면 가라앉을까요. 가능성은 반반이라고 봅니다. 그래도 저는 전자의 가능성을 믿고 있습니다.

2019년 5월 반환 47년을 맞이한 오키나와에서

신문노련 중앙집행위원장 미나미 아키라

2019년 방문연구원 자격으로 일본에 머물며 한일 양국의 미디어 환경을 살피던 시기 만났던 미나미 아키라 기자는 제게 신선함으로 다가왔습니다. 일본의 전국언론노조 격인 신문노련 위원장이자 진보 성향의 아사히신문 소속이라는 점에서 한일관계를 바라보는 시각을 얼마간 예상할 수 있었지만, 예상보다 더 반성적, 미래지향적 관점을 지니고 있었기 때문입니다. 특히 그가 과거 한국 언론인의 대정부 투쟁의 역사를 높이 평가하며 교훈을 얻으려 했다는 점이 놀라웠습니다. 민족주의 분위기에 언론이 휘청거리던 시기 양국의 언론 단체가 '사실'과 '평화', '미래'에 근거한 보도를 위한 각종 연대 활동을 진행할 수 있었던 것에는 미나미 기자의 열린 태도가 주요하게 작용했음을 부정할 수 없을 것입니다.

미나미 기자와 교류하는 과정에 접한 그의 저서는 그 자체로 흥미로운 내용을 담고 있었을 뿐만 아니라 저의 약 15년간 기자로서의 활동을 반성하는 계기가 되었습니다. 한국의 언론계가 용어부터 관행까지 일본과 유사한 부분이 많다는 것은 – 많은 경우 간단히 '잔재'로 치부되지만 – 널리 알려진 이야기입니다. 하지만 깊이 들어가면 차이도 적지 않습니다. 그리고 그 '비슷함'이나 '다름'은 우리의 '약점'을 드러내는 거울이 됩니다. 흔히 일본을 논할 때 '적으로서든 친구로서든 알아야 한다'고 하는데, 미디어 분야도 마찬가지였던 것입니다. '아베-스가 정권'을 거치며 일본 기자들이 겪었던 일을 우리 독자들이 접한다면 막연히 부정적으로만 생각했던 일본에 대한 이해를 높일 수 있고, 한국의 언론 환경도 되돌아볼 수 있겠다는 생각이 들었습니다. 저부터도 그동안 정부 부처 등을 출입하며 참여한 수많은 기자회견이나 브리핑에서 과연 이 책의 주인공들만큼 치열했는지, 질문 기회 하나하나를 소중하게 여겼는지 되돌아보았으니까요.

그리고 번역 작업을 마무리 하던 시점에 전해진 아베 신조 전 총리의 피격 사망 소식은 그의 '유산'을 다시 한 번 돌아볼 기회를 주었습니다. 그는 예상하지 못한 방식으로 세상을 떠났지만, 그가 만든 어떠한 흐름은 여전히 일본 정치와 한일관계에 커다란 영향을 끼치고 있습니다.

정부의 성향이나 시대의 분위기와 무관하게 정보를 감추려는 힘과 그것을 파헤치려는 힘의 싸움은 반복됩니다. 이 책은 우리와 먼 것 같지만 가까운 사람들이 '사실'을 위해 벌인 치열한 싸움의 기록입니다. 출간을 결정하고 좋은 책으로 만들어주신 틔움출판의 장인형 대표께 감사의 말씀을 전합니다. 번역 작업의 시작부터 끝까지 아내 서유진 씨의 응원과 도움이 있었습니다. 고맙고 사랑합니다.

질문할 수 없는 나라 일본

지은이 미나미 아키라
옮긴이 이상현

이 책의 편집과 교정은 장현정, 출력과 인쇄 및 제본은 도담프린팅의 박황순, 종이
는 태양기획의 양순철이 진행했습니다. 이 책의 성공적인 발행을 위해 애써주신 다
른 모든 분들께도 감사드립니다. 틔움출판의 발행인은 장인형입니다.

초판 1쇄 인쇄 2022년 8월 25일
초판 1쇄 발행 2022년 9월 1일

펴낸 곳	틔움출판
출판등록	제313-2010-141호
주소	서울특별시 마포구 월드컵북로4길 77, 353
전화	02-6409-9585
팩스	0505-508-0248
홈페이지	www.tiumbooks.com

ISBN 979-11-91528-12-1 03340

이 책은 관훈클럽정신영기금의 도움을 받아 번역 출판되었습니다.